서울대학교 한국학 모노그래프 45

근대한국의 국제관념에 나타난 도덕과 권력

장 인 성

서울대학교출판부

Morality and Power in Modern Korean Conceptions of International Relations

In-Sung Jang

Seoul National University Press

머리말

이 글은 한국인의 국제정치관을 규정하는 도덕과 권력에 대한 관념이 전통과 근대가 교착하는 근대한국의 지식 공간에서 어떠한 성질을 보였는지를 밝히고 이를 통해 근대한국의 국제관념 내지 국제정치사상의 장소적 특질을 보여주는 데 목적이 있다. 이 소저(小著)는 전작(前作) 『장소의 국제정치사상』을 이은 것이다. 이 논고에서는 전작과 마찬가지로 한국의 역사적 경험 속에서 발화된 국제정치와 관련된 정치적 언어와 표상의 편린을 모아 그 의미와 함의를 읽어내는 한편, 이를 통해 언어와 관념의 장소적 특수성을 재구성하고 사회과학적 의미를 탐색하고자 하였다.

일단 글을 마치고 보니 도덕과 권력에 관련된 다양한 언어의 편린들을 충분히 보여주지 못한 부족함을 느끼게 된다. 일상의 언어들에 대한 세밀한 관심과 언어적 상상력을 풀어내는 감성이 더 있었으면 하는 아쉬움도 든다. 후작에서 이 부족함을 채우고 아쉬움을 달랠 수 있기를 기대해 본다. 소론이나마 한국 국제정치학을 구축하는 하나의 작은 디딤돌이 될 수 있다면, 한국 국제정치학의 정체성을 모색하는 데 자그마한 일조가 될 수 있다면, 커다란 위안이 될 것이다. 이 글에는 이미 발표

된 졸고들이 밑바탕이 된 부분도 일부 있음을 밝혀둔다.

이 연구는 서울대학교 한국학 장기기초 연구비를 받아 진행할 수 있었다. 익명의 심사위원, 서울대학교 정치학과 김홍우 교수와 역사교육과 유용태 교수는 유익한 논평을 주셨다. 김태진 군은 석사논문을 준비하는 바쁜 가운데도 교정과 색인의 작업을 맡아 주었다. 모든 분들께 감사드린다.

2006년 12월

관악산 연구실에서 장인성

차 례

I. '정리'와 '강력'

청년기의 유길준(兪吉濬)은 근대정치적 사고에 입각하여 한반도 국제관계에 대해 치열하게 고민했던 개화론자였다. 유길준은 국가들 간에 법규범이 평등하게 적용되고 도덕이 온전히 실천되는 국제사회를 상정하고 있었다. 1880년대에 저술한 한반도 국제정치론인 『방국(邦國)의 권리』에서 국제사회에서 향유할 국가의 권리에 대해 다음과 같이 묘사하고 있다.

> 오늘날 세계의 광대함을 들어 하나의 향리(鄕里)에 비한다면, 각각 한 구석을 점거한 나라들은 같은 마을에 담장과 울타리가 서로 접한 집들과 같은 것이라. 비린(比隣)의 경황(景況)은 우목(友睦)하는 신의를 맺으며 자익(資益)하는 편리를 통하여 인세(人世)의 광경을 조성하나니, 가진 것이 같지 않으므로 사람들의 강약과 빈부는 반드시 그 차이가 있을지나, 각기 한 집의 문호를 세워 평균한 지위를 보수함은 국법의 공도(公道)로 사람의 권리를 지킴이니, 방국의 교제도 또한 공법으로 조제(操制)하여 천지의 무편(無偏)한 정리(正理)로 일시(一視)하는 도를 행한 즉, 대국도 일국이오 소국도 일국이라. 나라 위에 나라가 다시 없고 나라 밑에 나라가 또한 없어 일국이 나라되는 권리는 피차가 동연(同然)한 지위로 분호(分毫)의 차이〔差殊〕가 생기지 않는지라.[1]

---

1. 「방국의 권리」, 『서유견문』(『유길준전서』 I, 일조각, 1971), 108쪽. 이하 국한문 혼용

유길준은 안(국내사회)과 밖(국제사회)을 동일한 논리로써 연속적으로 파악하고 있다. 향리에서의 '집'과 세계에서의 '방국'은 '천지의 무편한 정리'나 '국법의 공도'라는 준거에 입각해서 동일하게 포착되고 있다. 이것은 국제관계에서의 행위주체(방국)의 정치적 평등성과 국제사회의 공공성을 주장하고자 제시된 논리였다. 국법(국내법)의 공정성이 인간의 평등권을 보장하듯이, 공법(만국공법=국제법)의 공정성은 대국과 소국의 평등을 보장한다는 것이다. 국법과 만국공법은 '사람의 권리'와 '나라되는 권리'를 규율하고, '공도'와 '일시(一視)하는 도'는 '평균한 지위'와 '동연(同然)한 지위'를 보장하는 것으로 이해된다. "진정한 공도(公道)는 대소의 분(分)과 강약의 변(辨)으로 이동(異同)을 세우지 아니"하는 것이었다.[2] '천지의 무편한 정리'와 '진정한 공도'는 정치세계를 규율하는 규범으로서 설정되어 있다.

이러한 자연법적 만국공법 관념과 만국평등 관념은 어떻게 형성되었고 어떤 정치적 함의가 있었을까. 우선 '정리'나 '공도' 같은 준거 개념은 주자학적 정치관에서 비롯되었다고 추론할 수 있다. 하지만 이 추론은 만국평등 관념의 내재적 계기성을 환기시켜는 줄지언정 그 정치적 성격, 혹은 정치언어로서의 성격을 드러내 주지는 못한다. 유길준이 왜 '정리' '공도'의 보편규범과 만국공법이라는 법규범을 국가의 권리와 평등을 보장하는 준거로 삼았을까.

유길준의 만국평등론은 청국을 비롯한 대국들이 소국 조선에 정치권력 내지 정치적 압력을 행사하는 데 대항하는 한편 조선의 자주독립을 보전하기 위한 소국의 생존전략으로서 제시된 것이다. 그것은 강대국의 권력 행사에 대한 도덕적 비판이었다. 법규범은 강대국의 '불의'와 '무

체를 인용할 때 현대철자법으로 바꾸고 일부 현대어법으로 풀어쓴 곳이 있다.

2. 「방국의 권리」, 113쪽. 유길준은 다음과 같이 말하고 있다. "국법은 일 국내에 행하여 각인의 상여(相與)하는 권리를 보수하고 공법은 천하에 행하여 각국의 상여(相與)하는 권리를 유지하나니 진정한 공도(公道)는 대소의 분(分)과 강약의 변(辨)으로 이동(異同)을 세우지 아니함이오."

도'를 비판하는 근거였다. '정리'로서의 권리는, "권리는 천연한 정리(正理)며, 형세는 인위한 강력(剛力)이라…강대국이 자기의 유족(裕足)한 형세를 천용(擅用)하여 약소국의 적당한 정리를 침탈함은 불의한 폭거며 무도한 악습이니 공법의 불허하는 것이라"[3]는 언설에도 보이듯이, 강대국의 '불의한 폭거'와 '무도한 악습'을 비판하는 근거였다. 여기서 '권리'는 힘이 아니라 '천연한 정리'로 이해되고 있음에 유의할 필요가 있다.

그런데 청일전쟁 이후, 특히 러일전쟁을 거치면서 일본의 제국주의적 팽창이 두드러지고 일본의 지역패권화가 진행되는 가운데 '정리'(규범)보다는 '강력'(권력)을 국제정치의 동력으로 보는 국제정치관이 급부상한다. 제국주의의 '인위한 강력'(형세)이 국제사회를 크게 위협하는 상황에서 '천연한 정리'(권리)나 '진정한 공도'의 기능에 대한 기대감은 추락해 갔던 것이다. 유길준은 '사력'(詐力)이 횡행하고, 대포와 군함이 '정략의 상승(上乘)'과 '교도(交道)의 후원(後援)'이 되며, 이해관계에 따라 우적(友敵)관계가 수시로 바뀌는 '무포(武暴)시대'에는 더 이상 '공법의 정리'만을 논할 수는 없다고 주장한다.[4]

이러한 인식 전환은 '패도'(覇道)가 '왕도'(王道)를 압도하는 국제사회 현실이 전개되고 유길준이 이러한 상황을 직시하면서 보다 현실적으로 바뀌었기 때문일 것이다. 유길준의 국제인식은 다음과 같았다. 요순삼대 시절에 '포학'의 정치를 '인의'의 정치로 바꾼 것은 '왕도'였다. 그런데 인간의 지혜가 발달하고 시세가 바뀌면서 '비리(非理)의 탐상(貪想)'과 '불법의 이욕(利慾)'이 인류정신을 지배하고 '우존열멸(優存劣滅)하는 리(理)'와 '강승약패(强勝弱敗)하는 힘'이 오용되면서 세상은 '일대착란'에 빠졌다. 개인관계는 '덕의'로 훈도하고 '법률'로 규제할 수 있지

---

3. 「방국의 권리」, 111쪽.
4. 『英法露土諸國의 哥利米亞戰史』 序文, 『유길준전서』 III, 132-133쪽.

만, 국제관계는 "강력(剛力)이 정의(正義)라 하며 권능으로 실덕(實德)을 삼는" 형편이다. 우호조약은 '평시한담'(平時閑話)이며 만국공법은 '지상공문'(紙上空文)에 지나지 않는다. 강대국들은 거짓수단을 사용하고 이해만을 좇으면서 약소국을 위협하거나 굴복시키고 세력이 균등한〔勢適力均〕 국가와는 분쟁을 일으킬 기회만을 엿본다.[5] 요컨대 국제사회는 더 이상 '권리'(법규범)와 '공도'(도덕)가 작동하는 '정리'의 세계가 아니라, 만국공법(규범)과 도덕이 통하지 않는, 권력과 폭력으로 움직이는, '강력'의 세계로 간주되었던 것이다.

여기서는 개인간 관계를 규율하는 요소와 국가간 관계를 규율하는 요소는 분리되어 있다. 즉 도덕의 영역과 권력의 영역은 준별되고 있다. 안과 밖을 연속적으로 포착했던 유교적 정치관은 안과 밖의 논리를 구별하는 근대적 정치관으로 대체된 듯이 보인다. 이러한 전환은 어떻게 가능했을까. 유길준의 국제정치관에서 만국평등 관념과 권력정치 관념 사이의 편차, 그리고 전자에서 후자로의 전환은 어디서 비롯된 것일까. 유길준이 "강력이 정의라 하며 권능으로 실덕을 삼는" 국제사회의 현실, 즉 권력이 도덕을 압도하거나 후자를 규정하는 국제정치 현실을 받아들이고 권력을 중시하는 현실주의적 국제정치관을 갖게 되었기 때문이라는 해석도 가능하다. 이러한 해석은 도덕지향은 이상주의적이며 권력지향은 현실주의적이라는 상식에 기반한다.

그런데 다음과 같은 의문도 제기될 수 있다. 어쩌면 실제 유길준의 국제정치적 사유방식은 그다지 바뀌지 않았던 것이 아닐까. 사유상에 본질적인 변화는 없었고 1880년대와 1900년대의 한반도 국제정치 상황의 차이가 그러한 외견상의 변화를 초래했던 것은 아닐까. 만국평등 관념은 강대국의 권력에 대항하려는 의지의 표현이었고, 반면 권력정치 관념은 권력을 지향하는 강렬한 욕구라기보다는 권력지향적인 현실에서

5. 『普魯士國厚禮斗益大王』, 『유길준전서』 III, 483-484쪽.

느낀 좌절감의 표명이었을 수도 있다. 이렇게 본다면 유길준이 설정한 '천연'(자연)과 '인위'(작위), '정리'와 '강력'의 대립항은 줄곧 존속했을 가능성도 있다.

유길준의 사례는 근대한국에서 국제사회의 존재방식과 국제정치관이 밀접히 결부되어 있었고, 도덕과 권력이 국제사회와 근대한국의 사이에서 영위되는 국제관념을 관통하는 핵심 요소였음을 보여준다. 도덕과 권력은 근대한국 지식인들의 정치의식 내지 정치관을 규정하는 요체였다. 또한 근대한국의 생존방식을 모색하는 문제의식을 담고 있었다. 따라서 근대한국에서의 도덕과 권력에 관한 성찰은 근대 한국인들의 국제관념을 이해하기 위한 선행조건이 될 수밖에 없다.

II. 방법과 관점

1. 왜 도덕과 권력인가

구한말과 일제강점기를 통해 근대한국의 사회과학은 일본의 사회과학과 그 기원이 되는 유럽 사회과학의 영향을 강하게 받았고 그 영향은 전후에도 상당 기간 동안 지속되었다. 그러나 1970년대 이후, 특히 1980년대 들어 미국에서 사회과학을 전공한 한국 유학생들의 귀국이 급증하면서 미국 사회과학의 영향은 급속히 확산되었다. 미국 사회과학의 수용은 보편적인 이론과 과학적 방법론에 의거하여 한국의 사회현상에 대한 설명력을 높이는 데 기여했지만, 한국사회의 경험과 특수성을 제대로 반영하지 못함으로써 적실성의 한계를 드러내 왔다. 그간 한국의 사회과학은 미국 사회과학의 수용과 적용의 차원을 벗어나지 못했다고 말할 수 있다.

최근 들어 사회과학의 각 분야에서 미국 사회과학의 단순한 수용과 적용의 차원을 넘어 한국사회의 역사적 경험을 재구성하고 이를 바탕으로 한국사회 현실을 적실성 있게 설명할 수 있는 한국적 사회과학을 구축해야 한다는 목소리가 높아지고 있음은 고무적인 일이다. 특정의 시각이나 이론을 동원하여 한국사회의 역사적 존재방식을 규정하기보다는 역사적 경험에 대한 실증적 분석을 통해 사실과 경험을 재구성하려는, 한국적 사회과학을 구축하고자 하는 관심과 시도가 늘고 있다.

한국의 국제정치학도 미국 국제정치학의 영향을 받아 과학적 분석과 사례 연구에서 괄목할 만한 양적 팽창과 질적 향상을 보여왔다. 하지만 아직도 미국 국제정치이론의 영향을 벗어나지 못한 실정이며 강대국(미국)의 국제정치적 시각에 구속받는 경향이 강하다. 국제정치학의 학문적 정체성을 모색하고 한국적 국제정치학을 구축할 필요성에 대해서는 오래 전부터 문제제기가 있었고,[1] 최근 들어서는 한국, 나아가 동아시아의 역사적 경험과 사실을 재구성하려는 관심도 높아지고 있다. 그러나 어디까지나 문제제기와 주장의 수준에 머물러 있을 뿐, 구체적인 연구는 미진한 상태이다.[2] 한국의 국제정치학은 국제정치학이 강대국의 역사적 경험과 시각이 강하게 반영된 학문이라는 사실, 그리고 한반도 국제관계가 상당 부분 열강의 국제관계와 강대국의 세계전략 및 동아시아 전략에 의존해 왔다는 사실을 감안했을 때, 얼마간 태생적인 자기 한계를 지닐 수밖에 없는 측면이 있다. 세계정치의 주변을 살아온 한국인들의 국제정치학은 세계정치의 보편성과 동북아 국제정치의 특수성이 중첩 혹은 교착되는 맥락(콘텍스트)을 상정해야 하며, 이러한 장소적 조건은 학문적 정체성의 문제를 야기시키기 마련이다.

그러나 이러한 자기 한계에도 불구하고, 한반도 국제관계가 세계정치의 보편성과 더불어 동북아/한국 국제정치의 특수성을 전제로 한다는

---

1. 한국 국제정치학의 정체성에 관한 문제제기로서는 박상섭, 「한국국제정치학과 외래이론 수용의 문제점」, 『국제정치논총』 제28집 1호(한국국제정치학회, 1988); 박상섭 · 하영선, 「미국 국제정치학의 추세와 한국 국제정치학의 상황」, 『국제정치논총』 제35집 1호(한국국제정치학회, 1995) 등이 있다.
2. 이미 1960년대 초반에 이러한 관점들이 반영된 선구적인 연구가 있었지만(이용희, 『일반국제정치학』(상), 박영사, 1962), 이후 미국 국제정치학에 압도당하면서 이어지지는 못했다. 최근 한국외교사 분야에서는 한국적 관점과 경험을 반영하여 역사를 새롭게 구성하는 연구들이 나오고 있다. 국제정치학자 김용구의 최근 저작들이 대표적이다.

엄연한 사실을 감안했을 때, 서구 국제정치학이 서구적 경험과 맥락을 반영하여 적실성과 설명력을 높여 온 것처럼, 한국적 국제정치학은 한국의 국제정치적 경험을 구성하고 이에 대한 주체적 성찰을 통해 해석과 설명의 적실성을 높이는 데 힘써야 할 것이다. 그러한 성찰은 한반도 국제정치의 맥락과 경험에서 구축된 관점과 사고방식의 실체를 밝히는 것, 달리 말하면 한국인의 국제정치적 삶의 인식론적 · 존재론적 토대를 밝히는 데서 출발한다. 한국인의 국제관념은 개화기 이래 오늘날에 이르기까지 타자의 존재방식과 동북아 국제정치 구도에 민감할 수밖에 없었고 끊임없이 동북아 국제관계에 반응하고 그에 맞춰 변용해야만 했다. 한국인의 '세계관', '대외관', '대외인식'에 관한 연구들[3]이 한국 국제정치학의 주요 의제를 구성하는 까닭이다. 하지만 타자인식에 관한 외양적 분석만으로는 한국인의 국제정치적 경험에 관한 사상적 성찰 내지 국제관념의 본질적 규명이 제대로 이루어질 수 없다. 한국 국제정치학과 국제정치사상의 구축은 한국인의 국제정치적 경험과 국제정치 언어에 대한 체계적이고 분석적인 성찰을 요구한다.

본 연구는 이러한 문제의식에서 출발하여 근대한국에서의 국제관념 혹은 국제정치사상의 특질을 밝히고자 한다. 특히 한국이 근대국제법 체제에 편입되고 근대정치 관념을 수용하는 과정에서 국제사회나 국제영역에 도덕과 권력의 두 요소가 어떻게 연루되고 기존의 국제정치 관념과 어떻게 결부되었는지를 드러냄으로써 근대 한국인의 국제정치 관념의 특질을 규명하고자 한다. 한국인의 국제정치적 심성은 공간 관념, 구조와 주체의 문제, 타자인식의 방식, 국제정치 원리에 대한 이해, 전쟁과 평화에 대한 관념 등 여러 측면에서 포착될 수 있다. 국제정치 관념은 한국인들이 세계정치(원리)의 보편성과 동북아 국제관계(경험)의

3. 미국관, 일본관, 중국관 등을 포함한 한국인의 대외인식, 대외관에 관한 논저는 상당히 많다. 대표적인 연구서로는 이호재, 『한국인의 국제정치관』(법문사, 1994); 유영익 외, 『한국인의 대미인식』(민음사, 1994)을 들 수 있다.

특수성 사이에서 영위된 국제정치적 삶의 모습을, 또한 과거와 현재 사이에서 영위된 지속과 변화의 양상을 보여준다. 그것은 세계정치와 동북아 국제정치 속에서 영위되는 정체성의 한 표현이다. 정체성으로서의 국제정치관은 보편문명의 중심에서 생성되는 이론과 관념의 초장소적 보편성을 의식하고 그 영향하에서 자신의 생존 방식을 드러내는 것에 다름 아니다.[4]

이 글에서는 특히 도덕과 권력에 주목한다. 도덕과 권력은 국제관념의 보편성과 한국적 경험의 특수성을 함께 드러내는 요체이기 때문이다. 근대 한국인의 국제관념을 밝히는 데 있어 도덕(도의, morality)과 권력(힘, power)은 유용한 준거 개념이 된다. 도덕과 권력은 동서양을 막론하고 정치현상을 규정하는 보편적 요소다. 도덕과 권력은 한국인들의 정치의식을 강하게 규정했을 뿐 아니라 국제정치의 수준에 있어서도 한반도 국제관계의 속성을 규정하는 동시에 한반도 국제관계, 나아가 국제정치 내지 세계정치를 포착하고 이해하는 한국인들의 국제관념을 규율하는 요체였다. 한국인들은 강대국과의 강한 권력관계 위에서 성립하는 국제정치적 삶을 영위해 왔고, 국제권력이 강하게 작동하는 상황 속에서 정치를 규율하는 강한 도덕관념을 지녀왔다. 그것은 한국인의 국제정치관이 규범적 · 도덕적 성격이 강하다는 일반적 속성에서 비롯되지만, 동시에 한국을 압도하는 국제권력에 대항하는 의식에 기반한 것이기도 했다.

한국의 국제정치사상을 구성하는 의제들은 '도덕과 권력'뿐만이 아님은 말할 나위 없다. '민족주의와 국민', '전쟁과 평화', '아시아주의와 연대', '제국과 동화', '협력과 저항', '순환과 진보', '문명과 야만', '인종과 민족', '냉전과 탈냉전', '분단과 통일' 등도 한국인의 국제관념을 구

4. 이에 관해서는 앞서 언급한 이용희, 『일반국제정치학』(상); 장인성, 『장소의 국제정치사상』(서울대학교출판부, 2002); 馬場伸也, 『アイデンティティの國際政治學』(東京大學出版會, 1980)을 볼 것.

성하는 요소들이다. 하지만 도덕과 권력은 이들 요소들의 바탕을 이루는 기본 요소라 말할 수 있다. 따라서 한국인의 국제관념에 나타난 도덕과 권력의 존재방식과 성격을 밝히는 작업은 한국 국제정치사상을 구축하는 토대가 될 수 있을 것이다.

한국인의 국제정치적 경험에 나타난 도덕과 권력의 성격을 밝힐 수 있다면 한국인의 국제관념이나 국제정치사상의 핵심, 그리고 한국인의 국제행동과 대외정책을 규율해 온 기본요소의 중요한 측면은 얼마간 해명될 수 있을 것이다. 아울러 도덕-권력 관념의 양상은 역사상의 의미뿐 아니라 현재적 함의를 가질 것이다. 세계정치에 대응하는 한국인의 국제정치관이나 외교정책은 지금도 여전히 합리적이기보다는 감성적이며 현실주의적이기보다는 도덕주의적인 경향이 현저한데, 일정 부분 역사적 경험에서 형성된 국제정치적 심성의 일정한 유산일 것이다. 근현대 한국의 국제관계와 외교정책을 제대로 알려면 한국인의 국제정치관념에 대한 역사적·사상사적 성찰이 필요하다. 이 성찰은 한국 국제정치학의 정체성을 모색하려는 노력에 다름 아니다.

2. 어떻게 다룰 것인가

파킨슨(F. Parkinson)의 연구[5]가 보여주듯이 국제영역에서 도덕과 권력의 문제를 다루는 국제정치사상은 근대계몽과 더불어 시작되었다. 국제정치/국제관계와 이를 둘러싼 정치적 사유는 고대 이래 동서양에 존재했다는 점에서는 오래되었다고 말할 수 있다. 그러나 학문으로서의 국제정치사상은 18세기 유럽의 평화사상이 출현하면서 틀을 갖추기 시작했고, 따라서 그리 오래된 학문 분과는 아니다. 국제정치학의 고전적 주

5. F. Parkinson, *The Philosophy of International Relations: A Study in the History of Thought* (Beverly Hills: Sage, 1977).

제인 전쟁과 평화는 권력과 도덕의 문제에 귀착된다. 평화사상은 생 삐에르(Saint Pièrre)나 루소(J. J. Rousseau), 칸트(I. Kant)에게서 보듯이 국가들이 행사하는 국제권력(혹은 국제폭력)을 규범적 · 도덕적으로 어떻게 규율할 것인가에 관한 정치적 사유이자 정치적 의지의 표현이었다.

그런데 도덕과 권력은 정치적 사유의 대상일 뿐 아니라 정치적 실천의 문제이다. 분과 학문으로서의 국제정치학은 양차 세계대전 사이의 유럽에서 국제관계를 이상주의 대 현실주의의 틀로서 보는 관점(E. H. Carr)이 제시되면서 성립했는데, 이는 국제정치적 실천의 영역에서 정치권력의 현실에 적극 대응하려는 지적 관심에서 구체화된 것이었다. 전후 미국이 주도한 국제정치학은 정치적 현실주의론(Hans J. Morgenthau)을 필두로 현재의 현실주의 국제정치론과 자유주의 국제정치론에 이르기까지 일정 부분 도덕과 권력의 문제를 다루어 왔다. 특히 국제규범과 국제정의를 중시하는 규범주의 국제정치론6은 도덕과 권력의 문제를 사상과 관념의 차원에서뿐 아니라 실천의 영역에서 적극적으로 논하고 있다.

행태주의 방법론과 구조주의적 시각이 팽배한 주류 국제정치학에서 도덕과 권력에 관한 관심은 많았다고 말하기는 어렵다. 더구나 주류 국제정치학에서 도덕과 권력 현상에 대한 이해는 강대국(미국)의 관점이 강하게 반영되어 있다. 원래 국제정치학은 강대국의 입장과 시각을 내포한 학문이다. 한국에서 근대적인 국제정치적 사유는 국제정치학이 성립하기 이전인 개항기에 출현했다. 근대 한국인들의 국제정치관은 세계정치와 한반도 국제정치를 경험하고 이에 대응하는 현실정치가 전개되고, 국제사회의 권력정치를 이해하거나 해석하는 개념, 관념, 이론이 수용되면서 형성된 것이었다. 그것은 근대의 수용이자 동시에 전통의 관

---

6. Terry Nardin and David R. Mapel, eds., *Traditions of International Ethic* (Cambridge: Cambridge University Press, 1992); Chris Brown, *International Relations Theory: New Normative Approaches* (New York: Columbia University Press, 1992); John Rawls, *A Theory of Justice* (Cambridge: Belknap Press of Harvard University Press, 1971-1973).

점에 기반한 근대의 이해 내지 재해석의 과정이었다. 근대한국의 도덕-권력 관념을 문제삼는 것은 근대 국제정치를 이해하는 방식을 규명함으로써 이 과정의 중요한 한 단면을 밝히고, 이를 통해 한국인들의 국제정치적 사유의 특질을 드러내는 것에 다름 아니다.

이러한 작업은 사상과 관념의 특질을 포착하려는 것일 뿐 아니라 정치적 행위(political action)의 이념적 근원을 밝히는 것이 된다. 근대한국의 지식인들이 도덕과 권력의 문제를 의식하고 정치담론으로서 표현하는 것은 정치적 행위였다. 따라서 도덕-권력 관념의 분석은 국제정치와 관련된 정치적 행위를 규명하는 것이기도 하다. 정치적 행위는 세계정치가 만들어 내는 보편적인 의미구조와 한국인들의 정치세계에서 생성된 특수한 의미구조의 상관 속에서 포착될 것이 요구된다. 도덕-권력의 개념/관념이 내재된 의미구조는 텍스트에 씌여진 도덕과 권력에 관한 경험과 사유의 재구성을 통해 드러낼 수 있다.

그렇다면 개념이나 관념은 어떻게 재구성될 수 있을까. 사회사의 관점에서 개념의 사회적 의미 형성을 중시하는 코젤렉(Reinhard Koselleck)의 개념사 방법론은 국제정치 개념의 분석을 통해 국제정치사상을 이해할 수 있는 가능성을 제공한다.[7] 근대한국의 국제정치 개념들은 서구적 맥락에서 생성된 근대적 도덕-권력 관념과는 일정한 거리를 갖는, 동북아 국제사회와 한국사회의 정치적 삶과 경험을 반영한 것이라고 할 때, 근대한국에서 도덕-권력과 관련된 현상의 사회사적 맥락에 주목한다면 보편적 정치언어의 장소적 특수성은 상당 부분 규명될 수 있을 것이다. 다만 이러한 유용성에도 불구하고 개념사 방법론은 근대한국의 **국제정치 개념을 이해하는 한에 있어서** 난점이 없지 않다. 우선 근대한

7. Reinhart Koselleck, *Futures Past: On the Semantics of Historical Time* (The MIT Press, 1985); Melvin Richter, *The History of Political and Social Concepts: A Critical Introduction* (New York: Oxford University Press, 1995); 하영선, 「문명의 국제정치학: 19세기 조선의 문명개념도입사」, 국제관계연구회 편, 『근대 국제질서와 한반도』(을유문화사, 2003); 하영선, 「변화하는 세계와 개념사」, 『세계정치』 제25집 2호(서울대학교 국제문제연구소, 2004).

국은 근대적 '사회'를 형성하는 급속한 변동 과정을 경험했고 따라서 유동하는 사회의 맥락에서 미확정된 개념을 파악하는 것 자체가 용이하지 않다는 점을 들 수 있다. 또한 무엇보다 강대국이 주도한 한반도 국제관계의 상황에서 한국인들의 국제정치 개념이나 관념은 한국사회의 수준을 넘어선, 한국인들의 정치적 행위가 한계를 가질 수밖에 없었던, 동북아 국제사회(나아가 세계정치)를 전제로 생성되었고, 따라서 동북아 국제사회와 강대국의 정책에 일정 부분 반응적(reactive)일 수밖에 없는 속성을 지닌다는 점을 감안해야 할 것이다.

이러한 한계를 극복하거나 개념사적 방법의 설명력을 높이기 위해서는, 그리고 근대한국의 국제정치사상을 제대로 이해하려면, 국제정치와 관련된 개념이나 관념의 내용 자체에 대한 이해가 선행될 필요가 있다. 개념이나 관념의 이해는 이념이나 관념의 시계열적 혹은 단선적 전개를 상정하는 이념사(history of idea)적 접근으로는 충분치 않다. 근대한국의 정치적 변동 과정에서는 전통사회의 개념과 관념은 한반도 국제관계의 변동으로 출현한 새로운 정치적 상황(context)에 대한 설명력을 크게 잃었고 근대적 정치현상의 출현으로 정치적 이념과 행위에 대한 구속력을 급속히 상실하였다. 이질적인 콘텍스트가 전개되는 가운데 특히 유학적 사유에 대한 이념사적 접근법은 비적실성과 한계를 노정할 수밖에 없다.[8]

근대한국의 국제정치 개념/관념에 대한 이해는 그것을 둘러싼 국제정치 상황을 전제로 발화된 정치언어의 분석에서 출발할 필요가 있다. 여기서 정치언어의 역사적 연구방법을 중시하는 스키너(Quentin Skinner)와 포콕(J. G. A. Pocock)의 정치사상사 방법론은 의미를 갖는다. 스키너

---

8. 이념사적 방법의 장점과 한계를 드러낸 사례로서 박충석, 『한국정치사상사』(삼영사, 1982)를 들 수 있다. 이 연구는 조선조의 유학(주자학) 패러다임 속에서의 이념/관념의 전개 과정을 선형적으로 잘 보여주는 장점을 지닌 반면, 유학 패러다임이 붕괴되어 가는 근대한국의 문명개화 맥락에서 전개되는 이념/관념을 설명하는 데는 취약성을 보이고 있다.

에 의하면, 사상이란 한 시대, 한 사회를 풍미하는 언어행위이며, 여기서 언어적 콘텍스트는 사상의 배경 설명이 아닌 사상 자체의 의미를 밝혀주는 단서가 된다. 언어적 콘텍스트에는 그 시대와 사회를 풍미하는 '언어적 관습', 다시 말하면 공통의 어휘, 원칙, 가설, 가치판단의 기준 등 여러 저술을 하나로 묶는 '언어적 관습'과 더불어 지배적인 가치체계를 대변하는 '규범적 어휘들'이 포함된다. 스키너는 이념사 방법론의 텍스트주의(textualism)나 상황만을 중시하는 콘텍스트주의(contextualism)를 지양하면서 텍스트에 기술된 이념이나 관념을 콘텍스트에 비추어 해석할 것을 강조한다. 한편 포콕은 정치사상을 추상적 관념이 아닌 담론 또는 언어행위의 차원에서 이해한다. 그에 따르면, 정치사상이란 한 시대, 사회의 언어로써 정치적 태도와 가치, 제도, 정치적 권위의 배분을 암시하는 발언행위이다. 한 사회에는 오직 그곳에서만 통용되는, 정치적 태도와 가치들을 암시하고 정치적 권위의 배분과 관련되는 특별한 "관용구, 비유법, 어휘와 문법체계, 정치에 대한 담론의 형태들"이 존재한다. 여기에는 정치언어의 시대적 · 장소적 다양성과, 정치언어가 정치담론의 수단으로 기능하는 원리의 다양성이 중시된다.[9]

스키너와 포콕의 사상사 방법론은 일상적 · 관행적으로 수행해 온 몰상황적인 이념사적 접근의 관행에 대한 경종이며, 정치언어에 대한 사상사가들의 경건한 자세와 세밀한 주의를 환기시킨다는 점에서 중요한 함의를 준다. 다만 이들 사상사 방법론은 방법론 자체가 중요하다기보다는 역사적 맥락 속의 사례를 포착하는 관점과 시선에 함축될 수 있을

---

9. James Tully, ed., *Meaning and Context: Quentin Skinner and His Critics* (Cambridge: Polity, 1988), 유종선 옮김, 『의미와 콘텍스트: 퀜틴 스키너의 정치사상사 방법론과 비판』(아르케, 1999); J. G. A. Pocock, *Politics, Language, and Time* (New York: Atheneum, 1973). 스키너와 포콕의 정치사상사 방법론에 관해서는 유종선, 「정치사상사, 역사인가 철학인가?: Skinner와 Pocock의 역사적 방법에 대한 비판적 고찰」, 『사회과학논집』 제5권 3호(울산대학교, 1996); 유종선, 「조선 후기 天 논쟁의 정치사상」, 『한국정치학회보』 31집 3호(1997 가을)를 참조하였다.

때 비로소 그 의미를 발현할 수 있다.[10]

이상의 방법론적 성찰을 통해 근대한국의 국제정치 언어를 이해할 때 두 가지 점에 유의해야 함이 드러난다. 동북아 국제정치 혹은 국제체제라는 콘텍스트 속에서 파악되어야 한다는 것과, 담론에 나타난 언어행위에 주목하고 정치언어들이 표상하는 이념이나 관념들의 존재 양식 혹은 변용 양상을 읽어내야 한다는 것이다. 근대한국의 국제정치 언어들은, 근대한국이 경험한 새로운 국제관계, 그리고 그것이 조출(造出)하는 사상공간이라는 콘텍스트 속에서, 근대한국의 시공간 혹은 장소에서 근대적 정치현상이 촉발한, 전통(유교)적 사유와 근대적 사유의 결합 양상, 혹은 그에 따른 의미의 생성 및 변용을 드러내는 기표다. 콘텍스트나 사회적 맥락 속에서 근대한국의 (국제)정치언어에 내재된 이념이나 관념을 포착하는 것은 장소적 특질을 드러내는 것으로 치환될 수 있다. 이것은 특정 장소(topos)를 둘러싼 국제정치와 사상 상황의 보편적 맥락 속에서, 혹은 그것에 비추어 그 장소의 특수성(특수한 경험과 사상)을 드러내는 것에 다름 아니다.

---

10. 일본의 정치사상사가들은, 비록 세련된 이론적 성찰과 방법론을 명시적으로 드러내지는 않았지만, 서구의 만남에서 생성된 근대 정치공간 내지는 사상공간 속에서 근대일본의 정치관념 및 개념의 수용과 형성을 규명하는 데 진력해 왔다는 점에서 우리에게도 시사를 준다. 예컨대 정치언어와 관념의 일본적 존재방식을 밝히고자 힘쓴 마루야마 마사오(丸山眞男), 근대일본에서의 '자유', '평화', '국가'와 같은 개념의 형성과정과 그 의미를 실증적으로 밝힌 이시다 다케시(石田雄), 그리고 일본에서의 근대어의 성립과정을 규명한 야나부 아키라(柳父章) 등의 연구를 들 수 있다. 石田雄, 『日本の政治と言葉』(東京大學出版會, 1989); 柳父章, 『飜譯語成立事情』(岩波書店, 1994), 서혜영 옮김, 『번역어 성립사정』(일빛, 2003); 丸山眞男・加藤周一, 『飜譯と日本の近代』(岩波書店, 1998), 임성모 옮김, 『번역과 일본의 근대』(이산, 2000). 또한 일본 三省堂에서 발행한 『一語の辭典』 시리즈도 있다. 근대일본의 정치언어에 관한 영미권 저작으로는 Douglas R. Howland, *Translating the West: Language and Political Reason in Nineteenth-Century Japan* (Honolulu: University of Hawaii Press, 2002). 최근에는 동북아 지역공간의 수준에서 (국제)정치관념을 규율하는 근대적 학지(學知)의 상호작용을 밝히는 연구도 나오고 있다. 동북아 수준에서 이루어진 정치관념의 상호영향과 존재방식을 규명한 주목할 연구로는 山室信一, 『思想課題としてのアジア―基軸・連鎖・投企』(岩波書店, 2001)가 있다.

근대한국의 국제관념에 나타난 도덕과 권력을 생각할 때 특히 세 가지 차원에 유의할 필요가 있다. 첫째, 근대국제정치가 행해지는 주권국가체제의 맥락에 들면서 근대적 권력관념이 어떻게 한국사회에 수용되고 전통적인 도덕 및 권력 관념과 결부되면서 후자를 변용시키는지에 유의해야 한다(도덕과 권력의 개념). 둘째, 도덕-권력 관념이 근대적 인간의 창출과 국가의 생존(국가질서와 사회질서의 보전)에 대해 어떠한 의미를 가졌는지를 살피는 일이다. 즉 도덕과 권력이 국내사회에서 어떠한 기능이 요구되었는지, 또한 외교전략의 수준에서 어떻게 인식되었는지를 보아야 한다(도덕과 권력의 대내외적 표출방식). 셋째, 근대한국의 지식인들이 근대국제정치 원리나 국제사회의 권력정치, 근대의 폭력성을 어떻게 받아들이고 이에 반응했는지, 도덕과 권력에 관한 전통(유교)적 관념과 근대적 관념이 어떻게 상관되어 있었는지에 주목할 필요가 있다(도덕과 권력의 국제사회에서의 존재방식).

이 논고에서는 주로 개항 이후 한일합방에 이르는 개화기에 지식인들이 표출한, 국제관계와 관련된 담론과 정치언어를 분석하지만, 일제강점기의 언설도 일부 다루어질 것이다. 근대한국의 정치담론은 담론주체들이 어떠한 문명관을 가졌느냐에 따라 유교담론(위정척사론, 동도서기론, 유학개신론)과 근대담론(문명개화론, 입헌개혁론)으로 구분되는데, 도덕과 권력에 관한 논의의 수준과 도덕-권력 관념의 성격은 담론의 성질과도 관련된다. 따라서 담론과 정치언어의 분석은 도덕-권력 관념을 밝히는 데 필수적으로 요구된다. 다만, 이 글에서는 각 담론과 도덕-권력 관념의 상관성 자체를 밝히는 것을 의도하지 않기 때문에 담론별로 도덕-권력 관념을 분석하는 방식은 지양한다. 오히려 근대 한국인의 도덕-권력 관념의 일반적 경향성을 추출하는 데 주력할 것이다.

III. 국제정치에서의 도덕과 권력

1. 도덕과 권력의 양상

1) 원리와 전략, 표상과 실제

도덕과 권력은 정치의 보편적인 현상이자 가장 중요한 속성이다. 대체로 도덕과 권력은 긴장 관계에 있고 상호 대립적인 것처럼 보이지만 반드시 그렇지만도 않다. "국가이익으로 정의되는 권력(power)"을 추구한 정치적 현실주의자 모겐소(Hans Morgenthau)도 국제정치에서 권력을 규제하는 도덕의 의미를 간과하지 않았다.[1] 국제정치 현실에 대한 규범적 · 윤리적 판단이나 처방은 모든 사회가 공유하는 보편적 현상이지만, 판단과 처방의 성질은 장소에 따라 달라진다. 그렇다면 도덕과 권력의 상관방식과 존재방식에 나타난 보편성과 특수성을 드러낼 필요가 있다. 이는 국제정치적 사유의 성격과 장소적 특질을 드러내는 일이 된다.

도덕과 권력은 원리와 전략의 두 차원에서 국제사회의 사회정치적 관계에 작용하는 것으로 상정될 수 있다. 먼저 도덕과 권력은 국제적 사회

1. Hans J. Morgenthau, *Politics among Nations: the Struggle for Power and Peace*, 6th ed. revised by Kenneth W. Thompson (New York: McGraw-Hill, 1987).

정치 관계의 운용 원리로 이해된다. 즉 운용 원리로서의 도덕과 권력은 질서를 유지(작위)하는 실체, 혹은 평등(자연)의 명분으로서 간주된다. 또한 도덕과 권력은 국제정치의 전략으로서 동원되기도 한다. 국제정치 사상도 이러한 원리와 전략의 두 차원을 포착하는 데서 출발해야 할 것이다. 원리로서의 도덕과 권력은 국제정치를 보는 주요 관점인 이상주의와 현실주의와도 결부된다. 이상주의와 현실주의는 대체로 도덕과 권력에 상응하지만, 반드시 도덕만이 이상주의적이며 권력만이 현실주의적인 것은 아니다. 도덕이 전략으로서 동원될 때 현실주의적일 수 있기 때문이다.

그런데 원리와 전략은 동전의 양면과 같다. 많은 경우 원리를 얘기하는 것 자체가 전략 행위이며, 원리를 내포한 정치담론이 전략 행위로서 표출되는 경우도 적지 않다. 국제정치의 운용 원리로서 도덕이나 규범을 중시하는 것은 원리적이지만, 국제정치 현실(권력)에 대해 윤리적 판단을 내리는 행위는 정치적이다. 여기서 어떤 현상을 보는 시각이 어떤 원리에 근거하거나 집착해 있는지, 전략이 어떤 원리에 의해 제약 혹은 구속을 받는지에 관한 성찰이 요구된다. 이러한 성찰은 근대한국에서 이상주의와 현실주의의 존재방식을 드러내 주는 것이기도 하다.

도덕과 권력을 둘러싼 원리와 전략, 이상과 현실의 문제는 '정의'와 '폭력', '공'(公)과 '사'(私)의 문제로 표출되기도 한다. 도덕과 권력의 문제는 전쟁과 평화, 그리고 연대협력과 대립갈등, 가치와 발전, 보편과 개별 등과 같은 사항과도 연관되며, 문명관과도 결부된다. 도덕과 권력은 대(對)개념으로서 때로는 인위적으로 구별되기도 하지만, 때로는 서로 결합하여 나타난다. 도덕과 권력의 정체는 원리적인 구분이나 구별을 통해 포착하기보다는 상황과의 관련 속에서 파악되어야만 더 잘 파악될 수 있다.

도덕과 권력은 정치현실에 작용함으로써 인간세계에 관여할 뿐 아니라 인간이 세계를 인식하는 과정에도 관여한다. 달리 말하면 세계(국제사회)에 관한 표상을 규정한다. 또한 세계에 관한 도덕적 표상과 권력적 표상은 거꾸로 현실세계를 규율하기도 한다. 이러한 도덕적 표상과 권력적 표상은 인식주체(인간)의 심성에만 관련되는 것이 아니라 문화에 의해 규율되는 장소적 속성에도 연루된다. '예'(禮)와 '덕화'가 권력을 규율하는 국제체제(중화체제)에서는 도덕적 표상이 강하게 작용하며 세계인식에서 권력 요소를 배제하는 경향이 있다. 권력적 표상을 결여한, 문화적 · 문명적 상징에 의존한 조선조 고지도(古地圖)의 세계상이나 서양의 과학기술에 의거한 조선후기 실학자의 세계인식이 정치현실에 제한적인 의미밖에 갖지 못했음을 생각한다면, 권력적 표상이 세계인식에 중요한 의미를 갖는다는 것을 쉽게 짐작할 수 있다.[2] 도상(圖上)적 이미지, 문서적 이미지의 세계가 정치적 이미지의 세계로 바뀌기 위해서는 권력의 간섭이란 계기성이 필요하다.

2) 영역과 수준

도덕과 권력은 개인, 공동체, 국제사회 등 제반 영역에 관여한다. 우선 도덕과 권력은 행위자(개인, 집단, 국가)의 속성과도 상관된다. 도덕적 인간과 권력적 인간이란 범주는 흔히 사회생활과 정치생활의 존재방식을 규정하는 것으로 이해된다. 서양사상에서도 공공생활은 일정 부분 사적 생활의 규범을 전제로 하지만, 특히 유학사상에서 도덕적 인간은 올바른 정치생활의 전제조건으로서 간주된다.[3] 사회집단과 국가도 행위의 주체로서 의인화(擬人化)되고 일정한 영역에서 행동하는 데 있어 일

2. 조선의 유학자들은 마테오 리치(Matteo Ricci)의 『만국곤여도』를 통해 과학적 세계지리에 대한 지식을 습득할 수 있었음에도 불구하고 화이론적 문화심성은 과학적 세계상을 압도하고 있었다. 이에 관해서는 배우성, 「고지도를 통해 본 조선시대의 세계인식」, 『진단학보』 83(진단학회, 1997). 조선후기 실학자들도 서양의 과학적 세계관을 알았지만 중화론적 문화심성을 대체하지는 못했다. 근대적 세계관으로의 전환은 정치군사적 권력의 매개를 필요로 했다.

3. 이러한 성격은 "修身齊家治國平天下"의 원리가 잘 보여준다.

정한 준칙을 요구받는다. 집단과 국가는 특정 인물(지도자)에 의해 표상화되기도 하며, 그 도덕성과 권력성이 인물의 도덕성과 권력성에 의해 동일화되기도 한다. 따라서 개인의 수준에서 도덕적 인간과 권력적 인간의 존재 양태를 따지는 사유뿐 아니라 국가 수준에서 규범과 권력이 의인화되는 양상도 중요하다.

도덕과 권력은 공동체를 유지하려는 인간의 행위를 규율하는 차원을 넘어 공동체 자체의 존재 방식에 연루될 때 보다 강력한 의미를 갖는다. 타 공동체와의 관계에서 자기 공동체의 생존과 번영을 확보하기 위한 요소로 작용하기 때문이다. 특히 도덕과 권력이 국제사회와 국내사회, 혹은 국제정치와 국내정치의 연관 속에서 상정될 때 도덕(公德과 私德)이나 권력(부국강병)은 공동체의 생존 원리로서 보다 강하게 의식된다. 공동체(정치체제)와 도덕은 상관성이 높다. 예컨대 공동체는 서로 공유하는 포괄적인 종교적·철학적·도덕적 원칙에 의해 지배되는 데 반해, 질서 정연한 민주주의는 합당한 다원주의를 전제로 한다.[4] 지난날의 제국주의 일본이나 오늘날의 패권국가 미국에서 볼 수 있듯이 권력정치와 도덕정치는 높은 결합력을 보인다. 특히 국가가 윤리공동체(예컨대 가족국가)로 부상할 때 도덕과 권력은 비합리적인 결합을 보인다. 도덕과 권력의 문제는 공동체나 정치체제와 관련되는 사안이다.

국제영역에서 국제사회의 존재방식을 규율하는 도덕과 권력은 현실의 정의(justice)와 불의(injustice)에 대응하지만, 객관적 사실보다는 사실을 받아들이는 수용자의 입장과 처지에 따라 그 성격과 표출 방식이 달라진다. 국제영역에서 도덕과 권력의 비중과 의미는 현실감(reality)과 상상력(imagination)의 조화에 의존한다. 특히 사상의 영역에서 도덕과 권력은 자기 생존의 기대와 열망이 투사됨으로써 그 존재방식이 상정되기 때문에 실제 자체보다는 그것을 상상하는 방식이 중요해진다. 도

4. 장동진, 『현대자유주의 정치철학의 이해』(동명사, 2001), 201쪽.

덕은 약소국에게는 권력 규율이나 권력 비판의 근거로서 기능하는 반면, 강대국에게는 권력 행사의 명분으로서 기능한다. 국제정치를 규율하고 바람직한 국제사회를 구성하기 위한 국제 제도의 형성은 권력의 규범화를 추구하는 도덕적 의지에 관한 합리적인 시도인 경우도 있지만, 이익 조정의 권력 작용인 경우도 적지 않다.

2. 도덕과 권력의 개념

1) 도덕 · 규범 · 윤리

'도덕'은 '윤리' '규범'과 동속(同屬) 개념으로서 혼용되는 경우도 적지 않다. 하지만 엄밀하게는 구분된다. '도덕'(도의, morality)은 어떤 공동체의 사회질서를 유지하는 행위 원리나 가치, 혹은 행위의 선악을 판단하는 준거적 가치라 말할 수 있다. 흔히 도덕의 행동 원리나 가치는 자연적 혹은 초월적 존재에 의해 상정된다. '윤리'(ethics)는 행위 주체들이 가족, 사회, 국가 등의 공동체 생활에서 그러한 준거적 가치에 맞출 것을 요구받는 주체의 행위가치이다. 개인윤리, 사회윤리, 국가윤리는 각 주체(개인, 사회, 국가)의 도덕적 행위 원리를 지칭한다. '규범'(norm)은 '도덕'을 포함한 가치의 제도화를 통해 사회질서를 운용하는 법과 규칙과 같은 공통의 가치체계로서 행위자들의 '윤리'를 규율한다. 이러한 개념 규정에서 본다면, '도덕'은 '윤리' '규범'의 근원적 가치라 볼 수 있다.

한편 '권력'은 이러한 '도덕' '윤리' '규범'의 각각에 대응한다. 규범의 형성(제도화)은 권력을 필요로 하며, 권력은 규범을 통해 정당성을 획득한다. 윤리는 주체의 권력이 작동하는 사회질서, 정치질서에 관여하는 형태로 권력과 공생한다. 예컨대 '오륜'(五倫)이라는 윤리의 사회질서 보전 기능은 질서안정을 꾀하는 권력의 작용과 밀접히 결부된다. 도덕은 윤리와 규범을 규정하는 원(原)가치이며, 윤리와 규범을 통해 권력에 관여한다. 그런데 도덕은 선악의 준거로서 윤리나 규범에 비해 권력에 적극 대항하거나 이를 비판하고 규율하는 기능을 한다. 권력은 규범에 기반하는 동시에 정치(질서)의 안정을 위해 규범을 창출한다. 권력이 정당성을 획득하려면 규범에 합당해야 하지만 반드시 도덕을 필요로 하는 것은 아니다. 여기서 도덕과 권력은 '도덕정치'와 '권력정치'라는 이항대립적 정치형태를 만들어 내며 대립항을 이룬다.

서구 정치사상에서는 흔히 '도덕'은 '정치'와 대비된다. 이는 근대정치의 형성이 도덕으로부터 정치를 분리하는 과정이었다는 사실에서 비롯한다. 근대 정치사상의 형성은 종교적 권위로부터 절대군주 국가의 자율성 획득, 그리고 절대국가에서 부르주아의 출현으로 시민사회가 성장하면서 도덕(종교)과 정치가 일치하는 중세의 종교적 보편주의를 벗어나 도덕과 정치를 분리하는, 즉 종교적 · 철학적 · 도덕적 교리와 구별되는 정치영역과 정치의 자율성을 모색하는 과정이었다. 마키아벨리(N. Machiavelli)와 홉스(Thomas Hobbes)에 의한 권력의 발견이나 밀(J. S. Mill)이 보여준 대의제 민주주의의 구상은 그 소산이었다. 정치의 자율성은 정치권력의 형성과 권력의 객관화를 통해 가능하였다. 현대 정치사상에서도 정치의 자율성은 도덕의 객관화나 상대화를 통해 모색된다. 정치영역에서 '중첩적 합의'(overlapping consensus)의 영역을 형성함으로써 윤리적 갈등의 정치적 해결을 모색하는 롤즈(John Rawls)의 정치적 자유주의도 합당한 교리들 간의 도덕적 중립성에 기초하며,[5] 공리주의나 공동체주의도 도덕의 객관성을 전제로 한다.

그런데 유교문명권에서는 '도덕'은 '정치'보다는 '권력'과 대비된다. 유교정치관은 서구 중세처럼 '도덕정치'를 지향하였다. 유학의 도덕정치〔德治〕는 도덕이 정치를 규율하고 힘의 정치를 부정하는 정치관에 입각한다(왕도-패도). 권력은 후술하듯이 위민(爲民)의 도덕정치를 구현

5. 장동진, 『현대자유주의 정치철학의 이해』, 209쪽.

하는 수단으로 간주된다. '오륜'은 개인의 '인'을 실천하는 덕목일 뿐 아니라 공동체의 질서를 보전하는 '예'의 덕목이었다. '신의' '도리' '도의' '의리' 등의 덕목은 정치세계를 규율하는 도덕이자 정치윤리의 근거로 여겨졌다. '신의'와 '의리'의 정치는 도덕정치의 표상이었다.

동북아에서도 근대정치관으로 이행하기 위해서는 서양의 경우와 마찬가지로 도덕으로부터 정치를 분리할 필요가 있었다. 후쿠자와 유키치(福澤諭吉)나 이광수(李光洙)가 정치영역에 대한 유교의 간섭을 비판하면서 도덕과 정치의 분리를 역설하고 권력을 정치의 본질로 파악한 것[6]이나 유길준(兪吉濬)이 서구 근대정치의 경험을 통해 정치의 영역을 발견하고자 한 것[7]이 그 사례들이다. 하지만 근대에 들어서도 도덕의 객관화나 상대화는 쉽지 않았다. 국제권력의 존재나 국가권력의 절대화가 권력이 정치의 내용을 규정하면서 도덕을 압도했기 때문이다. 동북아에서는 서양국가들의 위협이라는 국제권력의 압력 때문에 자주독립을 확보하기 위한 국가권력의 확립이 정치의 자율성보다 우선시되었다. 권력에 압도된 정치현실의 왜곡은 정치영역의 자율성보다는 '도덕정치'의 정당성과 명분을 온존시켰다. 국제사회와 국내사회에서 '권력정치'가 횡행하는 현실은 '도덕정치'의 유효성을 연장해 주었다.

여기에는 근대한국이 경험한 국제권력 관계와 제국주의의 파랑(波浪) 속에서 도덕이 권력정치의 비판 논리로서 정치적 삶의 에토스(ethos)와 파토스(pathos)를 구성했다는 사정이 있다. 더구나 유교 패러다임에서는 도덕이 정치를 규율한다는 도덕정치의 명제는 쉽게 바뀌지 않았다. 여기서 근대한국인의 국제정치관에서는 '도덕과 정치'보다는 '도덕과 권력'이라는 대립항이 보다 적실성을 가졌던 것이다. 도덕과 권력이 긴장상태에 있을 때 정치행위가 존재한다. 반면 권력의 규범화나 규범의 권

6. 「儒教主義」, 『福澤諭吉全集』 第9卷(岩波書店, 1960).
7. 『서유견문』에 잘 나타나 있다. 후술하는 '공론'에 관한 유길준의 논의를 참조할 것.

력화가 일상화되고 관습화되었을 때 행정(통치)행위가 정치행위를 대체하거나 압도하게 된다. 개항기 이후에도 근대한국의 국제정치 관념은 유교정치관과 유학의 도덕-권력 관념의 간섭을 받고 있었다. 그 양상을 보기 전에 근대한국의 국제정치 관념을 규율한 유교정치관에 나타난 권력 개념부터 살펴보기로 하자.

2) 유교 정치관의 권력 개념

유학에서는 '권력'이란 말이 널리 쓰이지는 않았다. '권력'이 유학의 문헌에서 사용된 용례로는 "況莫大諸侯權力 且十此者乎"(『漢書』 賈誼傳)가 있다. 여기서 '권력'은 "타인을 복종시키는 힘, 혹은 타인을 제어하는 위력"을 의미한다. 즉 권력은 강제력뿐 아니라 자발적 복종까지 수반한 것이다. 반면 권위〔威權〕는 타인을 두렵게 만들어 강제로 복종시키는 힘이었다. 오늘날 권력은 "타인으로부터 강제적 복종", 권위는 "자발적 복종을 유도하는 힘"이란 뜻을 가지는데, 유교문화권에서는 반대로 사용된 셈이다.[8]

오늘날의 권력에 해당하는 유학 개념으로는 '권'(權)이 사용되었다. '권'은 원래 '저울질한다'는 뜻을 가진 동사인데, ① '세' '힘' '세력', ② '작용' '능력', ③ '권도'(權道), ④ '임시방편' 등 다양한 뜻을 갖는 명사로 사용되었다.[9] '권'이 사용된 맥락을 보면, 우선 『논어』 자한편(子罕篇)의 "같이 설 수는 있어도 아직 같이 꾀할 수는 없다"(可與立 未可與權)라는 구절에 보인다. 고주(古注)는 '권'을 '경'(經), 즉 '상도'(常道)에는 반하지만 이 때문에 오히려 좋은 효과를 얻을 수 있는 비상조치로

8. 안외순, 「『노자』의 무위정치론에 나타난 권력개념」, 『정치사상연구』 5집(2001 가을), 34-35쪽.

9. 『大漢和辭典』(諸橋轍次)에 의하면, '권'은 ① 저울추, ② 저울질하다, ③ 평평하게 하다, ④ 평평함, 균평, ⑤ 세, 힘, 세력, ⑥ 작용, 능력, ⑦ 무겁다, ⑧ 권도, ⑨ 임시 방편, ⑩ 취하다, 잡다 등을 뜻한다.

해석한다.[10] 반면 주희(朱熹)의 신주(新注)는 "권은 추(錘)를 가리킨다. 사물을 저울질하여 경중을 아는 까닭이다", "정자(程子)가 이르기를 한유(漢儒)는 경(經)에 반하고 도에 맞는 것을 권이라 했다. 때문에 권모술수론이 있다. 모두 옳지 않다. 권은 단지 경(經)일 따름이다"라 하여 '권'을 '경'으로 이해하였다.[11] 또한 "권은 추(錘)를 다는 것이다. 사물의 경중을 달아 중(中)을 취하는 까닭이다. 중을 취해서 저울질하지〔權〕 않으면 한번 정해진 중(中)에 집착해서 변(變)을 모르게 된다. 이것도 하나를 취할 따름이다"[12]라고 하여 '권'을 '중'을 취하는 행위로 보았다. 이처럼 주희는 '권'을 '경'의 원칙을 지키면서 사물과 시세에 따라 행동할 수 있는 여지로 보았다. 조선 유학자들은 주희의 해석을 따랐다.[13]

'세'(勢)라는 말도 많이 사용되었다. '세'에는 '세력' '위력' '힘' '권위' '형세' 등의 뜻이 있었다. '세'는 인간의 의지를 뛰어넘는, 어찌할 수 없는 주어진 객관적 형세(상황과 추세)를 뜻한다. 군사력 사용에 부정적이던 유인석(柳麟錫)이 제국주의 상황에 처해 "〔병기는〕 형세로 보면 사용해야 할 것이나, 이치로 미루어 보면 사용해서는 안 된다…형세로 보아 쓰지 않을 수 없으니, 쓰는 것은 어쩔 수 없다. 만약 성인이 그것〔병기〕을 써서 저들을 대적하면 제압할 수 있다"[14]고 말했을 때 느꼈던 '형세'의 '어찌할 수 없음'이 그것이다. 보편적인 사물의 원리인 '이'(理)와 결합하여 형세의 객관성을 표현한 '이세'(理勢)라는 말도 '세'의

---

10. 吉川幸次郎, 『論語』(上)(朝日新聞社, 1978), 319쪽.
11. 『論語集注』 子罕.
12. 『孟子集注』 盡心上.
13. 예컨대 김윤식은 다음과 같이 말한다. "권(權)이란 무엇인가. 시중을 말한다. 무릇 사물에는 모두 자연의 권〔自然之權〕이 있다. 성인은 그 까닭을 알아내고 자연에 맡겨 천리의 지공〔天理之至公〕에 맞는 것을 구할 따름이다. 세상 사람들이 보면 경상의 도〔經常之道〕와 다르게 보일 수도 있다. 그래서 권이라 이름붙인 것이다. 만일 사사로운 뜻을 갖고 간여한다면 그것은 속임수〔詐〕이지 권이 아니다"("八家涉筆下", 老蘇文四 六經論, 『金允植全集』 2, 557쪽).
14. 柳麟錫, 서준섭 외 옮김, 『의암 유인석의 사상: 우주문답』(종로서적출판주식회사, 1984), 75-76쪽.

이러한 의미를 시사한다. 그러나 '세'는 '위세'(威勢), '권세'(權勢) 등의 말에서 보듯이 인간사나 정치현상에 가해지는, 얼마간 강제성을 띠는, 어떤 의미있는 힘(force)을 뜻하는 경우도 있다. 얼마간 인위적인 강제력을 내포한 부정적인 의미로 사용되는 용례다. '힘'〔力〕이란 말도 물리적 힘과 더불어 '세'와 같은 인위적 강제력을 포함하였다. '세력'(勢力)은 양자의 결합이었다. 이들 언어의 용례에서는 도덕적 가치판단이 권력현상을 규율하고 있었음을 읽을 수 있다. 이 같은 사실은 유교의 권력관념이 도덕에서 정치를 분리시키기 위해 가치판단을 배제했던, 객관적인 권력개념을 형성시킨, 서구의 경우와 다르다는 사실을 암시한다.

그런데 정작 중요한 것은 용어 자체보다는 권력과 관련된 다종(多種)의 언어를 산출한 권력현상이 존재했다는 사실일 것이다. 여기서 권력현상에 대한 유교적 이해를 잠깐 살펴보기로 하자. 정치를 인륜적 삶을 뒷받침하는 행위로 보았던 유교정치관에서 정치권력의 행사는 주어진 상황에서 재량권을 가진 권력자가 특정 조치를 취하여 정의, 곧 균형을 실현하는 것을 뜻한다. 권력은 필요악이 아니라 필요하고 신성한 것이었다. 권력의 임무는 '양민'(養民)과 '교민'(教民)에 있었다. 욕망을 극복하고 본성을 구현하는 백성들의 완전한 삶을 구현하기 위해서는 총명한 권력자(군주)가 필요하다. 권력은 백성이 "고유한 인의예지(仁義禮智)의 본성을 깨달아 완전하게 발휘하는" 완전한 삶을 실현하도록 하는 데 있으며, 권력의 원천은 '천명'(天命)으로서 하늘은 뭇 사람 가운데 가장 총명예지한 사람에게 사명을 부여하는 것으로 여겨졌다. 권력자(군주)는 자연상태의 혼란을 극복하기 위해 하늘(상제)을 대신해 천하를 편안케 하고 백성을 다스리는 통치자이자 스승인 '군사'(君師)로 설정되었다. 달리 말하면 권력자인 '군사'의 치교(治教)는 천도를 계승하여 인간의 표준을 확립하는 것이었다. 주희는 '천'은 생명과 진리의 원천이지만 스스로 작위할 수 없으므로 성인이 대신하여 '수도입교'(修道立教)로써 백성을 교화한다고 보았다. 이이(李珥)도 권력의 원천을 '천명'에 두었고 군주는 도덕적 감화력에 기반한 '덕치'를 행해야 하며, 여기서 군주의 '수기'(修己)가 요구되고 '인'(仁)의 정치행위가 필요하다고 보았다.[15] 이처럼 유교정치관에서 권력은 민의 윤리적 삶과 도덕을 실현하기 위한 신성한 수단이었다. '지배력' '영향력' '강제력' 등을 뜻하는 오늘날의 권력 개념과는 달랐다.

요순삼대(堯舜三代)의 정치를 상정한 유교의 이상적 권력관은 현실세계에서 구현되지 못했다. 군주의 부자세습은 도통(道統)과 대통(大統=王統)의 분리를 가져왔고 권력의 편중화와 세속화를 초래하였다. 유식자(성현)에게 실무를 맡겨 천하를 다스린다는 차선책은 정치권력의 자기 논리 때문에 지속되기 어려웠다. 권력은 정치술수나 정치욕구를 실현하는 수단으로 전락하였다. 권력의 근거를 이루고 권력을 규율하는 '천명'의 소재와 내용을 확인할 수 없는 한, 정치권력이 민심을 제어하고 압도하는 한, 비록 이상적 권력관념에 대한 상상이 하나의 규범으로서 권력의 현실적 기능에 대한 견제나 비판의 근거로서 작용한 측면은 무시 못한다 할지언정, "민심이 곧 천심"이란 테제를 통해 '민심'으로써 '천명'의 존재를 증명하고 권력을 제어하려는 것은 명분에 그칠 수밖에 없었다. 유교의 이상적 권력관에도 불구하고 정치현실에서 권력은 권모술수의 부정적 이미지를 띠지 않을 수 없었다.

이상적 권력과 권모술수의 권력은 유학 정치관에서는 '왕도'(王道)와 '패도'(覇道)의 이항 개념으로 정식화되었고, 이 개념틀은 동아시아에서 정치를 판별하는 보편적 원리로서 전승되었다. '왕도'는 '패도'와 대비되는 말로서 인의와 도덕에 기반한 정치, 즉 인정(仁政)을 행해야 한다는 정치 원리였다. 맹자에 따르면, 왕도는 인과 덕으로써 백성을 감화·심복시키는 정치이고, 패도는 강제력이나 권력으로 부국강병을 추구하

15. 이상익, 「유교와 자유민주주의」, 강정인 외, 『민주주의의 한국적 수용』(민음사, 2002), 236-244쪽.

고 백성을 굴복시키는 정치이다.[16] 왕도 개념은 요순삼대에 실현되었던, 요순 이래 성왕이 천하를 다스린 덕치를 이념화한 것이며, 반드시 맹자의 독창적 사상은 아니다. 맹자의 왕도 개념은 인의 도덕에 입각한 민본정치를 통해 개개인의 천부적인 덕성을 발현하는 의지를 내포하고 있었다. 왕도의 실천은 '양민'과 '교화'에 있었다.[17] '왕도-패도'의 개념틀은 조선 유교사회와 도쿠가와 일본의 무사사회를 규율하는 정치관념으로 자리잡았다. 위민의 인정을 지향하는 조선 유교사회에서 '왕도'만이 정당화되고 '패도'는 부정될 수밖에 없었다. 전국시대의 패도적 상황을 극복하고 평화질서를 구축하고 유지하고자 유교 이념을 차용했던 도쿠가와 무사사회에서도 맹자적 왕도 개념은 통치자들의 일정한 에토스를 구성하였다.[18]

'왕도-패도' 개념과 관련하여 중요한 것은 이러한 정치행위와 정치적 판단의 원칙이 춘추전국시대의 정치적·사회적 혼란을 콘텍스트로 해서 성립했다는 점이다. 제후들의 이익 및 패권 투쟁은 사회질서와 백성을 구제하기 위한 인의와 도덕의 필요성을 환기시켰고 여기서 맹자의 '왕도' 개념이 정식화되었던 것이다. '왕도-패도' 개념이 정치적·윤리적 에토스로 내면화된 가운데, 유사한 콘텍스트의 출현 또는 상상은 '왕도-패도' 개념틀이 작동한다는 것을 의미한다. 실제 '춘추전국'에 유비(類比)되는, 그 역사적 기억을 떠올리게 만드는 정치적·사회적 혼란,

---

16. 다음 구절에 잘 나타나 있다. "以力假仁者霸, 霸必有大國, 以德行仁者王, 王不待大, 湯以七十里, 文王以百里. 以力服人者, 非心服也, 力不贍也, 以德服人者, 中心悅而誠服也, 如七十子之服孔子也"(『孟子』 公孫丑·上).
17. 맹자의 왕도사상에 관해서는 송인창, 「맹자 왕도사상의 체계」, 『동양철학연구』 제17집(1997); 안외순, 「맹자의 왕도정치론」, 『동방학』 제8집(2002)을 참조할 것.
18. 주지하다시피 맹자의 왕도론은 패도를 행하는 군주의 방벌을 정당화하는 혁명론까지 연결되었다. 조선 유학자들도 혁명의 발상을 공유하였다. 그러나 천황의 정치적 상징이 존재하고 무사적 충성구조가 강하게 작동했던 도쿠가와 일본의 경우는 달랐다. 도쿠가와 일본의 경우에 관해서는 野口武彦, 『王道と革命の間: 日本思想と孟子問題』(筑摩書房, 1986)를 볼 것.

혹은 그러한 사태를 유발하는 대외 위기가 도래했을 때, '왕도-패도'의 개념틀은 강력한 현실적 의미를 갖고 재부상하였다. 19세기 중반 이래 세계 차원의 '춘추전국'이 상정되었을 때, '유도'(有道)와 '무도'(無道)의 개념틀은, 조선의 위정척사론자(이항로, 기정진)나 일본의 양이론자(大橋訥庵)에게 볼 수 있듯이, 서양국가와 동아시아 국가들 사이의 국제관계를 규정하는 국제정치 원리로서 강하게 의식되었다.

'권도'(權道)는 유교의 이상적 권력 개념인 '권'이 현실세계와의 접점에서 현실적 유연성을 보이는 개념이었다. '권도'는 '경'(經)의 상대말로서 수단이 '상도'(常道)에 반하고 결과가 '도'에 맞는 것을 가리킨다. '권도'는 '상도'에 어긋나는 것이므로 자칫하면 화를 부를 수 있는, 따라서 성인만이 행할 수 있는 '임시방편의 도'로 간주되었다(『論語』). 여기서 '임시방편'은 권력의 상대성과 상황성을 표상하며, 이 상대성과 상황성은 정당성을 갖추었을 때 허용된다.[19] 이러한 '권도' 개념은 윤리적 삶의 실현을 지향하는 유학의 권력 개념이 현실세계에 대해 갖는 유연성과 긴장감을 표현한다. '권도'는 부정적인 뉘앙스가 강한 유교적 권력 개념을 받아들이되 그러한 권력이 사용될 수밖에 없는 현실에 대응하는 개념이었다.

그런데 개화기에 들어 인정(人情)과 권세에 좌우되는 정치현실이 개혁론의 표적이 되고, 제도와 규칙의 형성이 근대국가 건설의 조건으로 여겨지는 상황에서 '권도'는 '상도'에 대한 긴장감을 상실하고 부정적 이미지를 갖게 된다. 예를 들면, 『독립신문』의 한 사설("나라를 망하는 권도")은 "구미 각국에 흥한 바를 보면 양법 미규(良法 美規)를 지키는 데 있고 동양제국에 쇠하는 바를 보면 법률 장정을 지키지 못하는 데 있으니 이로 보면 권도 이 자가 나라를 망하는 기틀이라"(한자—인용자)[20]고 비난하는데, 여기서 '권도'는 법률과 조약을 위반하게 만드는

19. 이에 관해서는 안외순, 「『노자』의 무위정치론에 나타난 권력개념」 참조.

행위의 근거로서 부정된다. 이미 '권도'를 사용할 수 있는 성인(聖人)이 출현하기 어려운 콘텍스트에 들어서 있었던 것이다. '권도' 개념의 추락, 혹은 부정적 이미지의 강화는 개항 이후 근대적 문명개화가 진행하면서 유학의 현실 규정력이 약화된 것을 상징적으로 보여준다.

3) 주권국가체제와 근대적 권력

'양법 미규'와 '법률 장정'이라는 새로운 규범 혹은 행위 준거의 출현은 한국사회가 자주독립과 부국강병을 추구하는 근대국가 형성의 콘텍스트에 들어서 있었고, 근대 계약사상에 기반한 규칙이 준수되어야만 할 사회적 규범으로서 의식되고 있었음을 보여준다. 자주독립과 부국강병이라는 명제는 이상적이거나 유보적이었던 전통(유교)적 권력 개념과 달리 현실적이고 적극적인 권력 개념을 요구하는 것이었다. 현실적이고 적극적인 권력 관념은 대외 주권을 확립해야 하고 이를 위해 근대국가와 근대사회를 형성해야만 하는 현실적 요청의 소산이었다. 『서유견문』이나 『독립신문』의 사설들은 자주독립을 위한 주권의 확립과 시민적 권리의 형성을 요구하고 있었다.

권력의 의미는 단지 명분의 세계가 아니라 실제 국제관계 속에서 행사되는 모습을 목도했을 때 현실성을 갖기 마련이다. 한반도 국제관계가 주권국가체제에 포섭되는 과정은 권력지향의 정치현실이 전개되고 이에 대응하기 위해 근대적 권력 관념과 근대적 규범(제도)을 수용, 적용하는 과정이었다. 여기서 '주권' 개념에 표출된 서양의 현실적이고 적극적인 권력 개념은 의미를 갖게 된다. 서양에서 권력은 "미래의 명백한 선(good)을 획득하기 위한 현재의 수단"(Thomas Hobbes)으로 이해되었다. 자유민주주의에서는 권력은 "자신의 욕망을 관철시킬 수 있는 능력"이며, 정치권력(공권력)은 "인민들의 욕구에 대상을 충족시켜 주는

---

20. 『독립신문』 1898년 8월 22일 사설 「나라를 망하는 권도」.

수단"이나 "인민의 생명과 재산을 보호하는 수단"이었다.[21]

물론 새로운 권력 관념이 서양의 권력 개념 자체를 선택적이거나 작위적으로 수용함으로써 성립한 것은 아니다. 즉 지식인들의 주체적 자각에서 생성된 것은 아니다. 근대적 권력 개념은 개화기 한국의 지식인들이 '권리'(right), '주권'(sovereignty) 등의 개념이 작동되는 주권국가 체제의 콘텍스트가 전개되는 가운데 이 콘텍스트에 대응/적응하면서 생성된 것이었다. 개화기 한국에 부과된 주권국가 체제는 권력투쟁(이른바 '세력균형' balance of power)을 본질로 하며, 국가는 생존(자주독립)을 위해 권력의 획득과 보전, 확장을 요구받았다. 근대적 '권리' '주권' '권력'—넓은 의미의 근대권력—의 수용과 형성은 근대한국이 당면한 국내외적 문제 상황, 즉 대외개방을 통해 주권국가 체제와 근대국제법 질서의 원리를 받아들이고 이를 통해 국가의 자주독립을 모색해야 하는 국제정치 현실, 그리고 주권국가 체제에 부응하는 근대국가를 형성하고 정치개혁의 실천을 요구받는 국내정치 현실이라는 두 계기에 의해 촉발되었다.

근대적 권력 관념은 '권리' '주권' 관념의 형성에서 출발했다. 권리 개념은 인간의 천부권을 인정하는 데서 시작한다. 유길준이 권리의 원칙과 현실을 '인생의 권리'와 '지위의 권리'로 구분하면서, 인간의 권리를 '현우귀천 빈부강약'의 차별 없는, "사람 위에 사람도 없고 사람 밑에 사람도 없는", '하늘이 부여한 공도'〔天授한 公道〕로 보았을 때,[22] 이미 새로운 권력 개념은 시작되고 있었다. 천부인권설이 수용되면서 기존의 '권' 개념이나 권력 관념은 새로운 의미를 갖게 된다. 즉 '라이트'(right)의 번역어로서 '권리' 개념이 수용되면서 '권' 개념은 '비상수

21. 이상익, 「유교와 자유민주주의」.

22. 「인민의 권리」, 『서유견문』, 134-135쪽. 다만 이 주장의 논법은 만년에는 하늘로부터 받은 권리는 평등하지만 현실세계는 사람의 지위에 차이가 있고 귀천빈부가 존재하는 불평등한 사회이며, 오히려 불평등의 존재가 "사람 살기에 自然훈 道理"다라는 식으로 바뀌게 된다(『노동야학독본』, 345-346쪽).

단'(권도)의 뜻을 약화시키고 도덕적 '올바름'(right)이란 의미를 부여받게 된다. 특히 1890년대 후반 이후 실증주의 법학이 널리 유포되면서 '권리'는 근대적인 '힘'을 뜻하고 '권' 개념도 이러한 의미를 강화하게 된다.[23] 한편 '주권' 개념은 이러한 권리 관념이 국제 수준으로 확장된 것이었다. 자연법적 만국공법관에서 주권('平行自主之權')은 후술하는 바와 같이 천부인권 관념의 국제적 확장이라 할 수 있는, 이를테면 천부 '국권' 관념에 근거한 것이었다.

'권리' '주권' 관념을 매개로 한 근대적 권력 관념의 형성은 앞에서 언급했듯이 국가의 생존을 위협하는 국제정치 현실에 의해 추동되었다. 중화체제에서 사대관계는 '예'와 '힘', 즉 국제적 도덕과 권력에 의해 규율되었다. 유교에서 권력의 원천은 '천명'이었고 중국과 주변국가들 간의 '예'의 국제관계는 '천명'을 받은 중국의 '천자'의 도덕적 '덕화'(德化=王化)의 정도에 따라 서계적으로 규정되었다. 반면 근대서구사회의 주권국가체제는 '국제법'이라는 계약과 이를 통한 주권의 상호규제라는 방식을 통해 운용되었다.[24] 동북아공간에서 중화체제가 주권국가체제로 대체되는 과정은 국제체제의 질서원리가 '예'에서 '계약'으로 변경되는 것을 의미한다. 질서원리의 변경은 국제권력의 양상을 변화시켰다. 즉 중화체제에서 '예'에 의해 규율되거나 균형을 이루었던 '힘'은, 주권경쟁의 맥락에서 조약과 국제법에 의거한, 이를 통해 주권을 확장

---

23. 막말 메이지 초기 일본의 경우 자연법학 계통에서는 법률상의 'right'는 '힘'과 대립하는 사상에 입각했고 '도덕적 올바름'이란 의미를 담고 있었다(예컨대, 후쿠자와 유키치는 1870년 『西洋事情二編』에서 'right'를 '正直, 正, 是, 正理, 理, 達義, 通義, 筈, 當然, 權, 道理' 등으로 해석하고 있다). 'right'란 말도 원래 '도덕적 올바름'이란 의미가 있었는데, 1870년대 후반 이래 실증주의 법학이 들어와 주류를 이루면서 권력초월적인 의미를 잃고 법으로 부여된 의사나 이익을 가리키게 되었다. 그리고 1890년대 들어 'right'의 역어로서 '權利'라는 번역어가 통용되면서 '권'은 도덕상의 올바름과 대립하는 '힘'의 의미로 쓰이게 된다(柳父章, 『飜譯語成立事情』, 岩波書店, 1982, 153-162쪽).
24. 사대체제와 세력균형체제의 특징과 차이에 관해서는 이용희(노재봉 편), 『한국민족주의』(서문당, 1977)를 볼 것.

하려는 국제권력의 경쟁으로서 노골화되었고, 전쟁과 같은 국제폭력을 동반하였다.

주권관념은 서세동점의 정치군사적 위협, 서양국가들과 동북아 국가들 사이, 그리고 동북아 국가들 사이의 조약 성립을 계기로 전개된 국제법 질서의 형성, 무엇보다 동북아 국가들 간의 역내 권력작용을 통해 내재화되어 갔다. 동북아 국제사회는 지역공간을 규율하는 국제법체제와 국가이익을 극대화하려는 국가주권이 상호간섭하는 가운데 근대적 형태를 갖추기 시작하였다. 국가주권의 생성과 국제법을 통한 지역공간의 균질화는 동북아 국가간 관계의 긴장 대립을 배태하였다. 청일 간에 벌어진 종주권-주권 논쟁은 그 일단을 보여준다. 종주권-주권 논쟁은 사대체제의 근대적 변용을 통해 중심 대국으로서의 위상을 견지하려는 중국과, 새로운 국제체제(주권국가체제)와 부국강병을 통해 강력한 정치체로 성장하려는 일본 사이에 벌어진 일종의 권력투쟁이었다. 이 권력투쟁은 사대체제와 주권국가체제의 충돌을 표상하며, 조선의 국제적 지위를 둘러싼 '소속방토'(所屬邦土)와 '자주지방'(自主之邦)의 대립, 전통적 '장정'(章程)과 근대적 '조규'(條規)의 공존으로 나타났다. 일본은 '소속방토'를 서양의 속국 개념과 동일시했고 한일수호조규에 '자주지방' 조항을 설정함으로써 청한 종속관계의 해체를 꾀하였다. 중국은 일본과는 주권평등을 허용하는 한편, 조선에 대해서는 '금령자주'(禁令自主)는 인정하되 외교권과 종주권을 강화하려 했다.[25] 사대체제와 국제법체제가 길항하고 '소속방토'와 '자주지방'의 관념들이 대립하는 가운데 한국의 근대적 주권관념은 형성되어 갔다.

권력경쟁적인 국제체제에서 주권경쟁과 권력투쟁, 그리고 부국강병의 관념들이 전개되었을 때 권력을 정치의 요체로 간주하는 현실주의

25. 장인성, 「근대동북아 국제사회의 공공성과 만국공론」, 『정치사상연구』 제9집(2003 가을), 124-125쪽.

적 사유가 출현하기 마련이다. 그것은 서구의 근대적 권력 개념이 한국 사회에 내면화될(embedded) 여지를 제공한다. 물론 유교적 규범에 기반한 도덕 관념이 약해진 것은 아니었다. 어떤 의미에서는 주권과 결부된 권력 관념이 비등할수록 도덕 관념도 강하게 드러난다. 부국강병이 순조롭지 않고 주권의 취약성이 지속될 때, 특히 국가이익에 기반한 국제권력의 형태가 '패도'로서 인식될 때, 권력 현실을 제어하는 준거로서 도덕이나 규범은 유용하기 때문이다. 개화기 지식인들은 권력이 국가생존과 발전의 조건임을 깨달았지만, 유교적 행위 규범과 도덕 중시의 심성을 보전하고 있었다. 유학적 심성의 독특한 관성 때문이기도 하지만, 도덕이 폭력과 침략을 수반하는 근대권력에 대한 비판의 근거로서 현실적 유효성을 지녔기 때문이었다.

이러한 상황에서 만국평등 관념의 표명은 이중적인 의미를 갖는다. 먼저 만국평등 관념은 국제사회의 권력정치적 속성 내지는 강대국의 국제권력 행사에 대한 도덕적 비판의식을 내포한다. 강한 도덕의식이 정치세계를 규율하고자 하는 유교적 정치관의 연장선상에 있다고 볼 수 있다. 한편 만국평등 관념의 표명은 동북아 공간에서 새로 생성되는 국제권력의 속성과 권력투쟁의 실현 가능성을 감지해 내는 고도의 정치적 혹은 전략적 감각에서 비롯한다. 만국평등 관념은 권력(주권) 현실에서 표출된 것이며, 약소국이 불리한 권력 현실을 극복하고 자주독립을 보전하고자 했을 때 도덕적 명분으로서 제시될 수밖에 없었다. 근대적 권력 관념의 형성과 도덕의 표출은 쌍을 이루고 있었던 셈이다. 유길준의 『방국의 권리』(『국권론』)나 『중립론』에 보이듯이, 권력에 대항하는 도덕은 권력 자체를 부정하고 초권력적 차원에서 국가간 관계를 규율하는 것이 아니라 '신의'와 같은 국제윤리를 통해 권력의 남용을 규제하려는 방식으로 표출되었다.

한편 국내사회에서도 개화론자들은 천부인권설에 의존한 권리의 형성을 꾀했지만, 국내사회가 열강의 국제관계와 국제권력에 압도당하는 위기 상황에 직면했을 때, 사회질서와 국민통합을 위해 사회적 불평등을 '자연한 도리'로서 용인하는 유교적 도덕관념은 강하게 작동하였다. 국가의 대외적 취약성과 사회변동이 심화되는 상황에서 국민의 일체화를 통해 국권을 보전하고자 했을 때, 도덕은 질서 보전을 위해서뿐 아니라 국가의 대외적 취약성을 보완하는 역할을 수행하지 않을 수 없었다. 근대적 권력 관념은 유교 도덕의 구속을 받지 않을 수 없었다.

IV. 동북아 국제사회와 도덕-권력 관념

1. '전국'과 국제권력

근대한국에서 도덕과 권력의 관념은 문명 표준이 바뀌고 동북아 질서가 변동하면서 강하게 표출되었다. 동북아 국제질서를 규율하는 규범이 '예'에서 '공법'으로 바뀌면서 국제권력(폭력)이 강하게 작용했고, 이 국제권력은 동북아 공간에서 근대국가의 형성을 부추겼다. 그리고 국내 정치권력은 근대국가 형성과정과 제도의 규범화를 추동하는 동력으로 작용하였다. 동북아에서 주권국가체제에 기반한 근대적 국제관계의 성립은 동북아 지역과 국가의 존재방식(국제사회, 국제관계, 정치체제)을 변경시켰고 새로운 국제권력의 작용은 정치사상과 국제관념의 변용을 가져왔다. 도덕과 권력이 작동하는 장(場)의 변경과 도덕-권력 관념의 변화를 유발하였다.

세계나 국제질서에 대한 이미지와 주체의 대응방식은 상관적이다. 도덕과 권력에 대한 주체의 정치적 사유나 행동은 세계나 국제사회에 대해 어떠한 이미지를 갖고 있느냐와 밀접히 연관된다. 개항기 동북아인들은 동북아 국제질서의 변동이 권력(혹은 폭력)에 의해 추동된다는 사실을 감지했을 때, 또한 유럽 국제정치의 현실과 서세동점(西勢東漸)의 상황에서 권력이 국제질서를 추동하는 동인이라는 사실을 인지했을 때, '춘추전국'(春秋戰國)의 부활을 상상하였다. 유럽 국제사회는 중화세계와 달리 자국의 이익을 위해 권력을 다투는 만국투쟁의 정치적 세계로 다가왔다.

이미 19세기 초반 유럽세계에 관해 상당한 지식을 얻고 있었던 일본의 난학자 와타나베 가잔(渡邊崋山)은 유럽의 국제관계를 "서로 다투며 팔방이 모두 적국(敵國)"인 '춘추전국'의 세계로 그리고 있었다. 서세동점의 상황을 보면서 지구적 차원에서 '사면이 모두 적'(四面皆敵)인 '만국대치'(萬國對峙)의 국제관계가 전개되고 있음을 감지한 것이다.[1] 박규수(朴珪壽)는 "오늘날 세계정세는 날로 변해 동서 열강들의 병치(竝置)함이 옛날 춘추열국 시대와 같다. 회맹정벌(會盟征伐)이 장차 분쟁〔紛紜〕을 이기지 못할 것"으로 보았다. 박영효(朴泳孝)도 "지금 세계만국은 옛날 전국시대의 열국과 같다. 한결같이 병세(兵勢)를 으뜸으로 삼아 강국은 약국을 병합하고 대국은 소국을 삼키고 있다. 또한 항상 군비를 강구하는 한편 문화와 기예를 진흥하여 서로 경쟁하고 채찍질하며 앞을 다투지 않음이 없다"고 하여 국제사회를 '전국'과 같은 투쟁상태로 보았다.[2] 『한성순보』의 표현을 따르면, 천하는 지구적 규모의 '하나의 큰 전국'〔一大戰國〕이다.

> 일찌기 천하의 대세를 관찰해 보건대, 합한지 오래되면 반드시 나뉘고 나뉜지 오래되면 반드시 합한다. 옛날 주나라가 쇠퇴할 때에 제후들이 방자하여 약자의 고기를 강자가 먹었고, 춘추시대에서 전국시대에 와서는 강대한 나라가 일곱이나 되어서, 사상(泗上)에 위치한 모든 약소군장들은 그들의 명령을 따르기에 지쳤으며, 진나라는 관중(關中)에 앉아서 제후들의 영토를 잠

---

1. 渡邊崋山, 「外國事情書」, 佐藤昌介 · 植手通有 · 山口宗之 校注, 『渡邊崋山 高野長英 佐久間象山 横井小楠 橋本左內』, 日本思想大系55(岩波書店, 1975), 24쪽.
2. 이에 관해서는 장인성, 『장소의 국제정치사상』, 116-123쪽 참조.

식, 성지(城池)를 공략하느라고 싸움이 쉴새 없었다…〔여기서 합종연횡이 나왔다〕…이제는 전국시대로 이미 멀어졌으므로 하늘이 다시 온 지구를 합쳐서 또 하나의 큰 전국으로 만들려 하고 있다.[3]

'춘추전국'과 같은 '만국대치'의 국제사회는 권력으로 추동되는 만국투쟁의 장이다. 유길준은 이러한 '적국외환'(敵國外患)의 상황이 '외국경쟁'의 상황을 조성하며 '경쟁안목'의 확충과 '경쟁정신'의 활성화를 불가피하게 요구한다고 보았다.[4] 이러한 세계인식은 서세동점의 국제현상이 전개되고 개방화의 현실에 직면한 가운데 권력을 국제정치의 동력으로 보는 시각이 성립하였음을 뜻한다.

'전국' 상황에 대한 대응방식은 한국, 중국, 일본이 달랐다. 일본의 정치주체들은 지구적 규모의 '전국' 상황에 대해 만국투쟁의 홉스식 대응을 보였다(會澤安). 그들은 전국시대의 기억을 부활시키면서 모든 외국을 가상적으로 삼는 적대감을 분출하였고 이 적대감은 서양국가에 대한 경계심(격리주의)과 대항심(팽창주의)과 양이(攘夷)의 파토스를 불러일으켰다. 또한 우적(友敵)의 역학관계의 객관적 측정과 국제정세의 정확한 이해를 통해 현실적 대응을 꾀하는 태도를 낳기도 했다.[5] 부국강병을 통해 국가권력을 키우고 국제권력에 대항하려는 것이었다. 한편 청국의 지식인이나 관료들은 아편전쟁 패배 후 '이이제이'(以夷制夷) '이적제적'(以敵制敵) '원교근공'(遠交近攻)의 관념을 부활시켰고, 이 책략을 원용하여 조선의 대(對)서양개방을 유도하고 동북아에 '균세지국'(均勢之局)을 형성시키고자 했다.

개항기 한국의 정치주체들도 '만국대치'의 '춘추전국'적 국제 상황을 인식하는 한편 질서변화에 따른 국제권력의 이동을 감지하였다. 후술하

---

3. 『한성순보』 제5호 "오스트리아, 프러시아, 이태리가 동맹하다."
4. 「競爭論」, 『유길준전서』 IV, 57-58쪽.
5. 佐藤誠三郎, 「幕末明治初期における對外意識の諸類型」, 佐藤誠三郎・R. ディングマン 編, 『近代日本の對外態度』(東京大學出版會, 1974), 37쪽.

듯이 이유원(李裕元)은 동북아 공간이 서양국가들의 국제권력에 노출되고 개방화의 압박을 받는 현실을 목도하면서 자국의 국제정치적 위상을 '고약'(孤弱) '격절'(隔絶)로 표현하는 자의식을 보였다. 이유원은 유구(琉球)의 사례가 보여주었듯이 만국공법이 서양국가들과 지리적으로 '고약' '격절'의 상황에 있는 소국 한국의 안보를 보장해 줄 수는 없다고 보았다. '고약' '격절'의 자의식은 중화체제의 한정된 국제관계(사대교린)에서는 상상하지 못했던 것이며, 근대적 국제체제와 국제사회의 모습을 인식하고 개항과 새로운 국제관계의 성립을 요청받거나 의식하게 되었을 때 비로소 자각된 것이었다. 박규수와 김윤식은 국제질서 변동기에 한국이 '고립의 우환' '고립무원'(孤立無援) '고립과조'(孤立寡助)의 상태에 빠질 것을 우려했는데, '고립무원'의 정치언어는 한국이 중화체제의 안보공간을 벗어나 새로운 안보 상황에 들어섰고 안보 조건이 변용하였음을 상징적으로 보여준다.[6]

'고약' '격절'의 심리는 만국투쟁의 상황에서 안보 불안(insecurity)을 드러낸 것이다. '고약' '격절'의 안보 불안은 서양 열강들이 행사하는 국제권력에 대한 우려에서 비롯된다. 이 불안감을 어떻게 떨쳐낼 수 있을까. 이유원은 '고약' '격절'의 상황에서 국가의 개방을 반대하는 전략을 선택하였다. 박규수와 김윤식은 '고립무원'을 벗어나기 위해서 개방이 필요하다고 판단했다. 지구적 규모의 '전국' 상황, 그리고 근대 과학기술과 군사력을 바탕으로 동점하는 서세(西勢)가 '고약' '격절'을 용인하지 않을 것임을 알고 있었기 때문이다. 안보 불안을 극복하는 방법으로서는 스스로의 힘을 길러 상황을 타개하려는 부국강병(자강)과 더불어 우호국가들과의 연대협력(동맹)이 상정되었다. 전략적 동맹을 표상

6. 김윤식은 동남아 삼국의 사례에서 '고립무원'의 위험성을 지적하고 있는데, 그것은 중국의존체제가 붕괴되고 유럽제국주의의 희생이 되는 상황에서 인식되었다. 그는 주권국가체제로 이행하는 과정에서 중심이동에 따른 '고립무원'의 가능성을 중국에 의존함으로써 해결하려는 생각을 가졌다. 상세한 논의는 장인성, 『장소의 국제정치사상』, 395-402쪽 참조.

하는 '회맹'이나 '합종연횡'이 '고립무원'의 우려에서 벗어날 방책으로 간주되었던 것이다. 1870년대 강위(姜瑋)와 박규수는 '전국'적 세계 상황을 '종횡'(縱衡)의 관점에서 포착하였다. 1880년대 개방론자들의 공감을 얻었던 『조선책략』의 '친중 · 결일 · 연미'의 구상은 '합종연횡'의 관념에 부응하는 것이었다.

만국투쟁적 개체주의(일본), 중심 대국의 국제권력을 유지하려는 의도에서 나온 '이이제이'의 발상(중국), '합종연횡'적 시각(한국)의 출현은 동북아 삼국이 국제사회의 '전국'적 속성을 인지하는 가운데 국제권력을 국제정치의 요소로서 인지하는 가능성을 크게 높이게 되었음을 뜻한다. '전국' 상황의 도래는 권력에 대한 감각을 일깨웠던 것이다. 다만 감각의 성질에는 일정한 편차가 보였다. 일본인들의 만국투쟁적 시각은 '전국'의 기억을 가지고 의사(擬似) 주권국가체제를 영위했던 도쿠가와 일본의 '할거'체제와도 관련된 것이었는데, 만국투쟁의 국제질서에서 요구되는 것은 국가투쟁력(부국강병)의 증대였다. 그리고 중심-주변 구도를 상정하면서 중국 중심의 국제질서를 구성하려는 '이이제이'적 시각에서는 주변을 통제하는 외교술의 문제였다. 한국의 지식층이 보였던 '합종연횡'적 세력균형관은 자기의 생존을 강대국과의 동맹에서 찾는 것이었고, 그것은 국제사회에서 사려(prudence)를 모색했던 정치관과도 상통한다. 그들에게 투쟁능력을 확장하려는 욕구나 '이이제이'적 대국의식을 결여한 것은 국제정치적 사유의 장소적 특질에서 비롯된다고 하겠다. 동북아 지역을 국제정치적 삶을 영위하고 국제정치적 상상력을 투사하는 공간으로 삼았던 개화기 정치주체들은 권력투쟁보다는 연대나 동맹을 선호하였다. 『조선책략』에서 부강(자강)과 연대(친중 · 결일 · 연미)의 두 방책이 제시되었는데도 이 책략에 대한 세간의 관심이 후자에 쏠렸던 데서도 확인된다.

2. '균세'와 '만국공법'에서의 힘과 규범[7]

이미지는 현실을 표상하지만 현실 그 자체는 아니다. 타자 이미지는 타자의 속성에 의해 규정되지만 인식 주체의 자기 속성이 투사된 것이기도 하다. '하나의 큰 전국'(일대전국)이라는 국제사회 이미지는 유럽 국제사회의 경험에서 도출된 표상이었지만, 또한 '전국' 이미지는 권력 개념의 변화를 초래했지만, 동북아 국제사회도 유럽처럼 만국투쟁의 상태가 되어야 한다고 생각하지는 않았다. '전국' 이미지는 전국 상태에 대응하려는 전략적 사유를 출현시켰고 힘(국제권력)에 대한 실감을 높였지만, 국제사회를 권력의 관점에서만 관찰하거나 권력만을 추구하는 심성을 산출하지는 않았다. 즉 국제사회는 만국투쟁의 상태이지만 완전한 무질서로 간주되었던 것은 아니다. '균세'(均勢, 세력균형)와 '만국공법'은 국제권력을 규율하는 기제나 규범으로서 주목을 받았다. 만국투쟁 상태인 '전국' 자체는 세력균형은 아니지만 세력균형에 대한 상상을 유발할 개연성이 있었다.

'균세' 개념은 동북아 공간이 주권국가 체제에 편입되고 조선의 자주독립 의지와 결부되면서 자연스럽게 수용되었다. 세력균형은 힘의 균형에 의해 작동하는, 혹은 힘의 균형을 추구하는 국제정치 현상 혹은 국제체제(세력균형 체제)를 가리키는 경우도 있고, 약소국의 생존과 국제평화를 보장하는 규범적 국제질서 원리(公義)로 간주되는 경우도 있다. '균세' 개념의 수용은 개념(원리) 자체의 수용 방식과, 그 원리가 실제 국제정치의 장에서 운용될 때의 적실성 혹은 장소성이라는 두 측면에서 포착될 수 있다.

먼저 개념 수용의 양상을 보면, 초기 단계에서는 규범적 측면, 즉 공

---

7. 근대한국의 균세 개념의 형성에 관해서는 일부 다음 논고를 요약하였다. 장인성, 「근대한국의 세력균형 개념」, 『세계정치』 제25집 2호(2004 가을 · 겨울).

적 원리의 측면이 부각되었다. 세력균형은 '전국'의 무질서 상태에 질서와 공정성을 부여하고 소국의 자주독립을 보장하는 자연법적 규범인 만국공법의 한 원리로 간주되었다. 세력균형의 공적 기능에 관한 믿음과 기대는 다음 계기들에 의해 형성되었다. 첫째, 『만국공법』과 『조선책략』의 영향이다. 둘째, 반면교사로서의 유럽의 경험과 동북아의 국제정치 현실이다. 셋째, 유교적 '공'(公) 관념의 영향이다. 넷째, 소국의 존재 근거(명분으로서의 기능)이다.

먼저 '균세' 관념의 형성은 『만국공법』과 『조선책략』의 영향이 컸다. 마틴(William A. Martin)이 한역한 『만국공법』(1865)은, 휘튼(Henry Wheaton)의 원저(*Elements of International Law*, 1836)와는 달리, 국제법의 자연법적 성격을 강조한 것이었다. '균세'도 자연법적 원리의 하나로 기술되었다. '균세'는 '법'(원리, 원칙)으로서 대국이 세력을 '균평'(均平)하고 소국이 여기에 의뢰하여 안전을 확보하는 '태평의 요술'〔太平之要術〕로 정의되었다. 19세기 유럽의 세력균형이나 권력정치의 현실보다는 한역자였던 마틴의 자연법 관념이 반영된 개념이었다. 개항기 한국의 지식인들에게 영향을 주었던 개혁서인 『이언』(易言)에서도 만국공법은 러시아의 팽창에 대항하는 영국, 미국, 독일, 프랑스, 오스트리아, 일본 등 6국의 동맹을 규율하는 법으로 간주되었고, 만국공법과 세력균형은 자연법적 관점에서 이해되고 있다.[8] 수용 단계에서 세력균형 개념과 만국공법은 밀접히 상관되어 있었던 것이다.

'균세' 원리는 무엇보다 『조선책략』을 통해 근대 한국의 식자층에게 널리 유포되었다. 『조선책략』—혹은 이 텍스트에 구현된 청국의 동북아 정책—은 조선을 국제사회의 일원으로 끌어냄으로써 서양세력(러시아)에 대항하는 한편, 동북아 세력균형을 통해 자국에 유리한 새로운 국제관계를 형성하려는 전략에서 씌어진 것이었다. 황준헌(黃遵憲)이 조선

8. 김용구, 『세계관 충돌의 국제정치학: 동양 禮와 서양 公法』(나남출판, 1997).

의 외교전략으로서 제안한 '친중(親中)·결일(結日)·연미(聯美)'는 전통적인 관습과 국제도덕을 동원하는 한편, 조선의 대중, 대일, 대미의 양자 관계에 기초한 세력균형을 성립시킴으로써 역내에서 새롭게 부상하는 일본을 견제하고 역외 도전세력인 러시아에 대응하려는 청국의 동북아 정책의 소산이었다. 여기서 도덕은 '균세'를 이루는 국제윤리일 뿐, '균세'는 기본적으로 권력관계로 상정되어 있었다.

근대한국에서 실재의, 혹은 가상의 위협 세력을 상정하고 그 대응 전략을 강구하는 국제질서가 일상화되면서 '균세' 개념은 권력에 대한 감각을 요구하였다. 실제 김옥균(金玉均)은 『조선책략』의 '균세'를 조선이 추구해야 할 정책원리로 받아들였고, 유럽 국제사회의 프랑스-영국 관계에 빗대어 일본에 대응하기 위한 국내개혁과 근대화를 구상하였다. 그러나 유럽 모델로서의 '균세'는, 권력에 의존하는 한, 권력관계에 따라 유동할 수밖에 없는 성질의 것이었다. 한반도 국제정치를 움직이는 청국과 일본, 러시아와 일본이 권력투쟁을 펼치고 권력투쟁이 청일전쟁과 러일전쟁이라는 폭력으로 귀착되는 상황에서, 한국이 주도하는 능동적 '균세'는 거의 불가능했고, 권력 추종적인 외교정책이 강구될 수밖에 없었다.

이러한 사실은 세력균형이 정치현실에 적용되는 과정에서 상상된 자연법적 규범성이 제한될 수밖에 없었음을 보여준다. 세력균형의 규범성이 갖는 현실적 한계를 인식할 수 있게 해준 것은 유럽 국제사회의 현실이었다. 유럽 국제정치의 현실은 세력균형이 규범적 원리가 아니라 힘의 관계에서 나오는 현상임을 일깨웠다. 『한성순보』(漢城旬報)의 기사에서 확인할 수 있다.

> 이번의 동맹은 비스마르크의 주견에서 나왔는데…안으로 인방(隣邦)과의 우의를 돈독히 하고 밖으로 힘을 합쳐 적국을 방어하자 하였으니, 소위 적국이란 프랑스가 아니고 무엇이겠는가…지금 유럽에서 건국한 나라가 열다섯으로 대소와 강약의 차이는 있으나 그다지 큰 차이는 없으므로, 혹 두 나라가

전쟁하면 모든 나라가 흔히 약소한 나라를 도와서 한 나라만 우뚝 강대해지지 못하도록 하니, 이는 바로 만국공법에서 말하는 균세법이다. 그러나 오스트리아 등 세 나라는 모두 유럽에서 큰 나라로 상호 맹약을 체결하고 계엄을 게을리하지 않으니, 그 소견과 사려가 매우 높고 멀다 하겠다. …오스트리아, 이태리의 지세는 러시아와 프랑스에 접근해 있어서, 러시아가 오스트리아를 공격하면 이태리가 지원하고 프랑스가 이태리를 공격하면 오스트리아가 지원하여 서로 의각지세(犄角之勢)가 되고 함께 적개심을 나누곤 한다. 그런데 오스트리아와 이태리만이 그러할 뿐이 아니다. …대저 독일은 프랑스에 승리하고도 확장된 국력을 끝까지 보존하는 데 늘 유의하였으므로, 다시 오스트리아, 이태리 두 나라와 연합하여 복심(腹心)을 체결하고 서로 순치(脣齒)가 되어 국가의 어려움을 함께 하려 한 것이다. 그렇지 않으면 앞으로의 보거지세(輔車之勢)를 형성할 수 없고, 프랑스의 보복지계를 해소시킬 수 없기 때문이다. 프랑스에서 이들 세 나라의 우호가 견고하여 이간할 수 없음을 알므로 '원교근공'하는 계책을 포기하고, 몰래 국토개척을 도모하여 아프리카주의 모든 나라와 전쟁을 벌이다가 다시 월남에 손을 뻗쳤으니, 그들의 의도는 외부를 점거하여 웅도(雄圖)가 실현되고 병력이 정예해진 뒤에 기회를 보아 전력을 기울여 독일을 탈취하자는 데 있다. …독일로서는…지구상의 크고 작은 모든 나라를 모두 맹약에 넣고 사신들을 파견, 좋고 나쁜 일을 함께 하여 제각기 그 영토를 지키고 그 평화를 누리도록 하는 한편, 강자가 약자를 침략하거나 많은 수효가 적은 수효를 억압할 경우에는 제3국의 입장으로서 시비를 가려 화의시키고, 만약 여기에 응하지 않는 자는 여러 나라가 연합 공격함으로써, 상호 인연이 되고 상호 견제가 되도록 해야 한다. 이상은 호보(滬報)와 각국 근신(近信)에 보인다.[9]

여기서는 중국 신문인 『호보』와 '각국 근신'의 정보에 근거하여 유럽 국제정치의 실상이 알려지고 있다. 특히 보불전쟁 이후 독일의 비스마르크(Bismarck) 수상이 프랑스의 '보복지세'에 대비하여 동맹의 '의각지세'(犄角之勢)나 '보거지세'(輔車之勢)를 구성하는 국제정치 과정이 잘 묘사되어 있다. '균세'는 원리상으로는 『만국공법』에 의거하여 15개 유럽국가의 대소강약을 불문하고 약소국의 생존을 돕고 특정 국가의 대

9. 「오스트리아, 프러시아, 이태리가 동맹하다」, 『한성순보』 제5호, 67-68쪽.

국화를 견제하는 규범('만국공법에서 말하는 균세법')으로 상정되지만, 실제 유럽 국제사회의 권력정치, 유럽열강의 상호연대와 견제의 정치현실은 세력균형이 권력과 책략의 소산임을 알려준다. '균세'는 평등한 행위자들 간의 자연적인 힘의 평형(equilibrium)이기보다는 유력한 균형자(balancer)인 독일이 작위하는 '상호 인연'과 '상호 견제'의 소산인 것이다.

여기서 '균세'의 규범성과 권력성은 분화되어 있다. 이러한 분화는 보불전쟁 이후의 유럽 국제관계에 대한 관찰에서 나온 것만은 아니다. 독일에 대한 '프랑스의 보복지계'가 동남아로의 세력팽창을 유발하는 국제현실, 즉 베트남, 미얀마의 자주독립이 유럽국가들의 국제권력에 의해 위협받고 이와 관련하여 프랑스와 베트남 간에 분쟁이 야기되는 국제정치 현실을 관찰했을 때, '균세'는 권력적 측면이 부각될 수밖에 없었다. 또한 대소 강약에 '큰 차이'가 나지 않는 15개 유럽국가들의 존재는 '균세'를 구성하는 조건으로 간주되었음에 유의할 필요가 있다. 동북아 국가들은 조약체제와 근대국제법체제를 받아들이면서 근대주권국가의 형성을 지향하는 새로운 국제사회화(the making of international society)를 겪게 되지만, 국가 행위자들(동북아 삼국)의 성질과 힘의 편차는 '균세'의 성립을 어렵게 만들었다. '균세'를 힘의 관점에서 포착하는 『한성순보』의 이해 방식은 원리(규범)의 허구성을 드러냄과 동시에, 동북아 공간에서의 '균세'의 비적실성을 폭로한 것이라 말할 수 있다. 근대한국에서 '균세' 관념은 다음 절에서 논의될 정립론(鼎立論)에서 보듯이 유럽 국제사회와는 구조나 성질이 다른 동북아 국제사회의 존재를 전제로 하는, 혹은 그것을 열망하는 관념상에서 의미를 갖게 된다.[10]

만국공법은 '균세'와 밀접히 연관된다. '균세'가 규범 원리로 간주될 때 그것은 만국공법의 일부로 포착된다. 만국공법도 『만국공법』이란 고

10. 근대동북아 국제사회의 형성에 관해서는 장인성, 「근대동북아 국제사회의 공공성과 만국공론」, 118-129쪽을 참조할 것.

유명사가 일반명사로 전환되는 과정에서 규범성을 획득하였다. 수신사 김기수(金綺秀)는 "이른바 만국공법은 여러 나라가 체맹(締盟)하는 것으로서 6국연횡의 법과 같다. 그리하여 한 나라가 어려움에 처하면 만국이 이를 구하고, 한 나라가 잘못하면 만국이 이를 친다. 애증에 치우침이 없고 공격에 치우침이 없다. 이것은 서양인의 법으로서 진실로 꼼꼼히 받들어 행하여 감히 잘못이 없다"[11]고 하여 만국공법의 치우침 없는 공공성에 주목하였고, "진실로 꼼꼼히 받들어 행하여 감히 잘못이 없다"고 말할 만큼 신뢰를 보였다. 이유원(李裕元)도 '공' 관념에 기초하여 만국공법의 공공성을 강조하면서 서양과의 수교를 조선에 권유한 이홍장(李鴻章)의 주장을 다음과 같이 반박한다.

> 태서공법은 이미 이유 없이 남의 나라를 빼앗아 멸하는 것을 허용치 않습니다…멸망 직전인 터키를 구할 때는 공법이 시행되었는데 이미 망한 유구(琉球)를 일으켜 세우는 데는 공법을 행하기 어려운 것입니까. 무릇 일본인들이 사나워 각국을 경시하고 제멋대로 이익만을 취하는 데도 공법을 행할 수 없는 것입니까. 벨기에와 덴마크는 아주 작은 소국인데 대국들 사이에 끼여 강약상유(强弱相維)로써 의지하고 있습니다. 유구는 수백 년이나 오래 된 나라인데 상유(相維)할 수 없는 것은 그 위치한 곳이 고약(孤弱)하고 각국과 격절(隔絶)하여 공법이 행해지지 못해 그런 것입니까. 우리 나라는 기구한 것입니까.[12]

이유원은 러시아 철병을 이끌어 내 멸망 직전의 터키를 구했던 만국공법의 공공성(공적 기능)에 주목하고 유구의 사례에서도 만국공법의 공공성이 구현될 수 있기를 간절히 기대한다. 동시에 만국공법이 동북아에서 공적 기능을 수행하지 못하는 것에 대해 강한 불만을 토로한다. 그는 유럽 국제사회와는 다른 '고약'(孤弱)과 '격절'(隔絶)의 장소적 특

11. 「日東記游」, 『修信使記錄』(국사편찬위원회, 1958), 70쪽.
12. 「橘山答書付冬至使行使」, 『龍湖閒錄』 제4권(국사편찬위원회, 1980), 442쪽.

질에서 그 이유를 찾았다. 만국공법의 규범적 공공성에 대한 강한 희망은 규범적 공공성이 권력에 의해 한정되거나 제대로 작동할 수 없는 정치현실을 드러낸 것이다. 이유원은 만국공법의 한계를 잘 알았기 때문에 결국 이홍장의 권유를 거절한다.

만국공법의 규범적 기능의 한계에 대한 인식은 박영효(朴泳孝)에 이르면 더 확연해진다.

> 네덜란드와 터키는 본디 미약한 나라가 아니었습니다. 그렇지만 모두 자국의 혼란 때문에 혹은 분열되고 혹은 축소되어 다시 일어서지 못했습니다. 비록 만국공법과 균세공의(均勢公義)가 있다고는 하지만, 나라에 자립자존의 힘이 없으면 뺏기고 분열되어 유지할 수 없게 됩니다. 공법과 공의는 본래 믿을 만한 것이 못됩니다. 구라파의 개명하고 강대한 나라로서도 역시 패망을 맛보았는데, 하물며 아시아의 개명하지 못한 약소국이야 말할 나위가 있겠습니까.[13]

여기서는 유럽 국제사회를 규율하는 '만국공법'과 '균세공의'(세력균형 원리)의 허구성이 폭로되고 있다. '(만국)공법'과 '(균세)공의'를 외견상 분리시킴으로써 도덕과 권력을 구분하려는 심리도 읽어낼 수 있다. 권력의 발견은 박영효가 '공법'과 '공의'에 불신을 표하면서 기능 부전(不全)의 원인을 '자립자존의 힘'의 취약함에서 찾는 데서 알 수 있다. 그런데 박영효는 '공법'과 '공의'의 허구성을 간파하였지만, '공법'과 '공의'의 공적 성격까지 완전히 부정한 것 같지는 않다. 국가들이 행위주체로서 힘을 가질 때 '공법'과 '공의'의 공공성이 제대로 기능한다고 보았던 것이 아닐까. "공법과 공의는 본래 믿을 만한 것이 못됩니다"라는 강한 불신은 '공법'과 '공의' 자체에 대한 부정이라기보다는 '자립자존의 힘', 즉 권력이 현실적으로 작동하는 국제정치 현실을 중시하는 정치적 사유에서 비롯된 것이리라.

---

13. 박영효 상소문, 『日本外交文書』 第13卷.

박영효는 국가의 '자립자존의 힘'을 양성하기 위한 개혁안을 제시하면서도 개혁의 근본윤리로서 도덕을 강조하는 것을 잊지 않았다. 박영효는 천하의 영기(靈氣)가 모이는 '문명'의 아시아가 근대 들어 유럽에 양보하게 된 이유를 "여러 나라의 정부가 백성을 노예와 같이 보아, 인의예지(仁義禮智)로써 그들을 이끌고 문화와 기예로써 그들을 가르치지 않은 까닭에, 인민이 어리석고 부끄럼을 모르게 되어, 남에게 점령을 당하더라도 치욕이 되는 줄을 모르고 재앙이 곧 닥치려 하여도 깨닫지 못하게 된 것"에서 찾았다.[14] '인의예지'는 인민의 계몽과 국가통합을 도모하는 도덕적 준거로 간주된다. 도덕은 애국심의 기초다. 박영효는 군대의 통일을 위해서는 숫자보다는 무엇보다도 인(仁)과 의(義)를 가르쳐 수치심을 갖게 함으로써 나라를 위해 스스로 싸울 의지를 키우는 일이 중요하다고 말한다.[15] 권력국가보다 도덕국가를 우선시하는 유교적 사유가 강하게 작용하고 있음을 느낄 수 있다. 권력에 대한 민감성에도 불구하고 국제사회를 지탱하는 '공법'과 '공의'의 공적 기능에 대한 희망은 쉽게 포기될 수 없었던 것이리라.

'만국공법'과 '균세공의'가 작동하는 국제체제는 세력균형체제에 다름 아니다. 세력균형체제는 웨스트팔리아 조약(1648년) 이래 민족국가 형성과정에서 절대주권론이 나오면서 복수국가의 공존을 정당화하는 정책관에서 나온 것이며, 민족주의에 의한 국민 개념과 국민경제의 발달과 밀접히 연관된다. 사대체제(중화체제)가 군주 간의 예법이자 유학자들의 보수주의가 국제정치의 명분으로 표출된, 예법의 권위와 명분이 중시되고 '예교'(禮敎)라는 규범이 규율하는 위계적 국제체제였다면, 세력균형체제는 민족주의와 더불어 발달한 근대국가들이 강국주의와 군사주의에 기초하여 무력에 의한 상호견제를 하면서 주권평등의 명분

14. 박영효 상소문.
15. 박영효 상소문.

위에 경합적 공존을 하는 국제체제였다.[16] 사대체제에서는 규범〔예〕이 질서를 유지한 반면, 세력균형체제는 권력(군사력)이 국제관계를 규율하였다. 규범과 권력은 각각 사대체제와 세력균형체제의 속성을 이루지만 반드시 분리되지는 않았다. 사대체제의 '예교'는 힘에 기초한 체제에 질서를 부여하는 규범이었고, 세력균형체제의 '힘'도 일정 부분 규범(국제법)에 의해 규율되었던 것이다. 사대체제를 규정하는 천자의 권위나 세력균형체제의 이념인 만국평등은 하나의 허구(명분)였고 이 허구는 규범에 의해 유지되었다.

개항 이래 동북아 공간이 세력균형체제로 옮겨간 것은 원리상으로는 사대체제와는 다른 규범과 권력이 작동하는 것을 의미한다. 이 이행 과정에서는 권력이나 세력균형과 같은 속성뿐 아니라 국가평등 관념이라는 명분도 함께 들어왔다. 중요한 사실은 원리상, 혹은 명분상 동북아 국제체제는 사대체제에서 세력균형체제로 변용해 갔지만, 사대체제를 구성한 유교적 관습과 심성은 동북아 국제정치 현상을 보는 시각과 관점에 지속적으로 연루되었고 세력균형 관념의 장소적 변용을 유발했다는 점이다. 도덕〔禮〕 중시의 국제관념이 일상화된 토포스에서 도덕은 새로운 현상을 이해하고 포착하는 데 일정한 함의를 보전했던 것이다.

3. '정립'과 패권에서의 도덕과 권력

근대한국의 지식인들에게 서세동점의 정치군사적 위협은 '전국' 상태의 국제질서뿐 아니라 동북아 지역을 국가 생존에 필요한 국제적 삶의 공간으로서 인식하게 되는 계기를 제공하였다. 동북아 공간은 질서변동 속에서 질서와 존재 방식을 모색해야만 하는 하나의 지역으로서 상정되었던 것이다. 여기서 유럽 국제사회는 그러한 모색을 자극하는 비교

16. 이용희(노재봉 편), 『한국민족주의』, 167-173쪽.

대상, 혹은 매개로 간주되었다. 그리고 유럽국가들의 위협이 강하게 의식되었을 때 동북아 지역공간은 안보공간(안보복합체)의 성격을 강하게 띠었다.[17] 지역안보와 국가안보는 서로 깊숙이 결부되어 있었다. 이는 지역적 연대협력과 국가의 자주독립이 깊은 상관성을 갖는다는 것을 뜻한다. '순치보거'(脣齒輔車)는 지정학적 · 지문화적 상호의존과 연대협력을 지향하는 안보관념이었다.

근대 한국인들에게 '균세'는 국제정치의 원리로 상상되었을 뿐 정책으로서 수용되기는 쉽지 않았다. 조선이 국제권력의 행사를 능동적으로 주도하거나 조정할 만한 힘이 없는 한, 그 개념은 허구일 수밖에 없기 때문이다. 동북아 국제사회에 유럽적 함의를 갖는 세력균형이 성립되지 않는 한, 동북아 국제사회에서 유럽식 관념이 온전히 작용하기는 어려운 법이다. 유럽 열강이 소국 조선의 자주독립을 보전하고자 동북아의 세력균형을 꾀하는 일도 없었다. 한반도에서 벌어진 1880년대 청일간 권력투쟁, 그리고 1890년대 러일간 권력투쟁은 경제적 이익과 정치적 영향력을 둘러싸고 발생한 일시적 세력경쟁이었을 따름이다. 그것은 일정한 시스템(세력균형체제) 속에서 작동한 유럽의 세력균형과는 달랐다. 국제폭력(청일전쟁, 러일전쟁)을 수반한 일본의 패권화는 일정 부분 시스템의 부재나 취약함에서 허용된 측면도 있다.

동북아 국제사회는 '전국' 이미지가 적용되는 무질서의 공간은 아니었다. 국제사회가 '전국' 이미지에도 불구하고 무질서만은 아니라는 사실은 유럽의 경험을 통해 알려져 있었다. 유럽은 무질서 속에 '연합평화'의 질서가 존재하는 국제사회로 인식되었고 동북아도 그러한 국제사회의 모습을 갖출 것이 요구되었다. 동북아 국제사회는 '지리' '인종' '문명'의 요소로 구성되는 일정한 지역(안보)공간으로서 상상되었다. 비

---

17. '안보복합체'에 관해서는 Barry Buzan, *People, States and Fear*, 2nd edition (Boulder, Colorado: Lynne Rienner Publisher, 1991), pp.187-202.

록 주도세력도 바뀌고 분쟁도 끊이지 않았지만, '상호인연'과 '상호견제'의 일정한 관계는 유지되었다. 사상의 차원에서 주목할 것은 한반도를 둘러싼 열강의 세력경쟁과 일본의 우세화 및 지역패권화가 진행되는 가운데 조선의 지식인들이 동북아 공간을 하나의 지역공간, 하나의 지역 국제사회로서 성립해야 한다고 끊임없이 상상하였다는 사실이다. 세력경쟁과 지역패권화라는 권력현실이 조선의 자주독립을 위협하면 할수록 동북아 공간을 규범공간으로서 포착하는, 즉 공간의 규범성을 강조하는 국제관념이 더욱 고조되었다.

규범공간은 국제사회가 세력균형이나 경쟁과 더불어 연대협력이 전제가 될 때 비로소 상상될 수 있다. 유럽 국제사회의 무질서를 뜻하는 권력정치를 상상하면 할수록 국제정의를 실천하고 약소국의 생존을 보장함으로써 유럽 국제사회의 질서를 보전하는 규범의 존재 또한 절실히 상상된다. 유길준과 박영효의 경우에서 볼 수 있듯이 유럽 국제사회의 권력과 규범에 대한 인식은 동시에 이루어졌다. 보다 정확히 말한다면 도의와 규범의 주장은 권력현실에 대한 인식에 기초한다. 『독립신문』 『황성신문』 사설에는 권력이 국제사회를 추동하는 제국주의 현실이 묘사되어 있다. 국제사회의 권력성은 조선의 국제정치적 위상이 추락할수록 더욱 분명히 자각되었다. 세력균형 원리가 아니라 일본제국의 패권논리가 동북아 국제정치를 지배하는 상황이 되었을 때 권력은 보다 철저히 인식되었다. 나라의 흥망성쇠는 세계상에 존재하는 '알력', '쟁투', '탐취'(貪取) 등의 기운을 어떻게 쓰느냐에 달려 있다는 인식,[18] 강대국은 평화와 신의를 칭하고 밖으로 친밀한 척 하나 '여우가 호랑이의 위세를 빌리는'〔狐假虎威〕 정책을 취하여 약소국의 이권을 빼앗고, 이웃국가가 방심하면 하루아침에 병탄해 버리는, 균점이익과 약육강식을 추구하는 존재라는[19] 국제인식은 일상화되어 갔다.

---

18. 『皇城新聞』 1899년 12월 2일자 논설.

국제폭력의 일상화는 동북아 국제사회의 연대성과 공공성에 관한 사유를 유발하였다. 동북아 국제사회의 연대성과 공공성에 관한 사유는 이미 1880년대부터 나타나기 시작했지만, 명성황후 시해사건과 러일전쟁, 그리고 보호조약을 거치면서 강렬해져 갔다. 이는 일본이 동북아 역내 국가들에 대해 권력(폭력)을 증대시키고 조약상의 약속을 위반함으로써 '동양평화'를 해치는 행태가 두드러진 것과 관련된다. '균세'는 권력의 편차가 클수록 실제적 의미는 약해지지만 그 필요성과 당위성에 대한 규범적 차원의 요구는 높아진다. 세력균형이 질서원리로 인식되는 것은 특정국가의 패권이 국제질서를 장악하지 못하고 복수 행위자들의 상호견제와 연대동맹이 잠재적 최강국의 출현을 억지할 것이라는 믿음이 있을 때다. 약소국의 입장에서는 패권지향 국가의 권력이 약소국의 자주독립을 압도하지 못할 때, 달리 말하면 약소국에게 자주독립의 희망이 있을 때 세력균형의 필요성과 당위성은 상상된다.

동북아 공간에 스스로를 한정시키는 국제정치적 삶과 동북아를 사유의 주된 대상으로 삼는 국제관념은 동북아 공간의 세력균형과 연대협력을 통해 동아시아의 지역안보와 조선의 국가안보를 확보하려는 발상으로 나타났다. 근대한국의 지식인들은 동북아 지역안보와 조선의 국가안보를 결부시킨 '정립'(鼎立) '정족'(鼎足)의 안보관념을 강하게 표명하였다. '정립' '정족'의 국제정치론은 세 개의 솥발〔鼎足〕이 각자 유지되어야 솥을 지탱할 수 있듯이 동북아 삼국이 서양국가의 역외 위협에 대해 공동 대응하려면 제각기 자주독립을 유지해야 한다는 주장이었다. '정립' '정족'의 발상은 역외 세력에 공동 대항할 수 있는 연대협력, 즉 '외부적 세력균형'과 역내의 평화안정을 꾀할 수 있는 자주독립, 즉 '내부적 세력균형'의 결합을 의미한다. '정족'의 발상은 동북아 구조와 조

---

19. 『皇城新聞』 1899년 12월 12일자 논설, 1901년 2월 13일자 논설, 1901년 11월 23일자 논설.

선의 국제정치적 위상에서 나온 것이었다. 그것은 한·중·일의 세 행위자와 삼국 간의 상호소통을 조건으로 하고 '지리' '인종' '문명'의 요소들로 구성되는 동북아 국제사회의 존재를 전제로 한다.

'정립' '정족'의 발상은 도덕과 권력이 결합된 것이었다. '정립' '정족'은 동양 삼국의 '균세'를 전제로 하는 사유이지만, 그 '균세'는 유럽 국제사회에서 역내의 상호투쟁을 토대로 이루어지는 세력균형과는 구별된다. 유럽국가들의 연대협력은 궁극적으로 대외팽창을 위해 권력을 추구하는 행위였고 이 점에서는 역내 투쟁과 본질이 다르지 않았다. 한편 '정립' '정족'의 구상에서 상정된 연대협력은 권력(폭력) 행사를 비판하는 도덕적 의지와 결부되어 있었다. 이 국제정치적 사유는 힘의 균형을 추구하는 근대 국제정치관과 유교 도덕관이 결합된 것이었다. 이러한 양상은 사대체제가 '예'와 '힘'에 의해 운용되었다는 사실과도 무관하지 않을 것이다.

4. 국제정치에서의 '공'과 '사'

1) 만국평등과 권력정치

국제정치관에서 도덕과 권력이 전형적으로 표출된 정치적 사유는 만국평등관과 권력정치관이다. 이 만국평등관과 권력정치관은 국제정치의 '공'(公)과 '사'(私)를 대변한다. 만국평등의 '공'은 원리적으로 '천리'(天理) '공도'(公道)와 같은 보편적인 유교관념에서 비롯되는 경우도 있고, 천부인권과 같은 근대적 평등관념에서 나오는 경우도 있다. 하지만 정작 중요한 것은 어떤 원리에 기반하느냐보다는 왜 그러한 평등관념이 제시되었는가에 있을 것이다.

근대한국에서 만국평등관이 어떤 성격을 지녔는지는 I장에서 언급한 유길준의 만국평등론이 한청 관계에서 어떤 의미를 갖고 표출되었는지를 따지면 얼마간 짐작할 수 있다. 유길준이 '정리'(正理) '공도'(公道)와 만국공법을 근거로 만국평등 관념을 주장했음은 이미 서술한 바 있다. 그런데 유길준은 주권을 만국평등이란 명분에서뿐 아니라 실제의 관계 속에서 파악하였다. "한 나라의 주권은 형세의 강약과 기원(起原)의 좋고 나쁨〔善否〕이며 토지의 대소와 인민의 다과(多寡)를 따지지 않고 단지 그 내외 관계의 진정〔眞的〕한 형상(形像)에 의거하여 단정(斷定)하나니…각 나라의 권리는 서로 관련〔互係〕된 직분의 동일한 경상(景像)에 말미암아 그 덕행과 습관의 경계〔限制〕를 세운다"[20]는 언설에는 내외 관계의 실제 형상을 중시하는 관점이 잘 드러나 있다.

1880년대 유길준은 한청간의 증공(贈貢)-수공(受貢) 관계에 관해 다음과 같이 주장하였다. 그에 따르면, 증공국(조선)-수공국(청국) 관계는 권리의 많고 적음이 아니라 세력의 강약을 분별해서 정해진 것이다. 강대국이건 약소국이건 주권은 같고 군주는 똑같이 군주다. 증공국과 동등한 조약을 체결한 국가는 수공국과도 동등한 조약국이며, 수공국의 우방은 증공국에게도 우방이다. 제3국은 수공국과 증공국을 동등한 우방으로 대하며 '존비(尊卑)의 예(禮)'와 '고하(高下)의 서(序)'를 두지 않는다. 증공국이 자신을 낮추는 칭호를 사용하는 것은 '적례(敵禮)하는 호의'를 나타낸다. 증공국은 증공-수공 관계가 성립하면 폐지를 합의할 때까지 공물을 바쳐야 한다. 조약 위반은 '신의'를 잃고 공법을 위배하는 행위다. 증공국이 '신의'를 잃지 않는다면 수공국은 증공국의 다른 권리를 침해할 수 없다. 수공국의 군주가 증공국의 군주에게 동등한 예를 허락하지 않는다면 친구의 친구에게 '불경'(不敬)하는 일이요 '만국의 품례(品例)'에도 어긋나는 일이다.[21] 유길준의 이 주권론은 근대적 주권평등을 명분으로 삼아 사대체제의 증공-수공 관계를 근대적 종속관계

20. 「방국의 권리」, 105-106쪽.
21. 「방국의 권리」, 114-118쪽.

로 바꾸려는 청국에 대항하는 한편, 전통질서와 근대질서의 '양절'(兩截) 사이에 놓인 조선의 위상을 변호한 주장이었다.

주목할 점은 주권평등의 관점에서 '양절'의 위상을 변호하는 한편, '예의'와 '신의'를 갖고 조약을 준수함으로써 수공국(청국)의 권력 행사를 제한하고 수공국의 주권을 보전하려 했다는 사실이다. 유길준은 '세력의 강약'이라는 현실에 신중하면서 주권평등이라는 이념과 '예의' '신의'라는 도덕을 내걸고 '세력의 강약'이 초래할 권력정치적 상황의 출현을 견제하고자 했다. 여기서 주권평등은 명분으로서 제기되었을 공산이 크다. 만일 만국평등의 '정리'나 '공도'를 원리주의적으로 포착했다면, 증공-수공관계 자체를 부정하고 주권평등에 합당한 청한 관계의 재편을 주장해야만 했을 것이다. 유길준의 증공-수공론은 '세력의 강약'의 현실과 주권평등의 이념 사이의 균형, 달리 말하면 권력과 도덕의 '양절'이라 말할 수 있을 것이다. '예의' '신의'라는 도덕도 원리주의적인 자세라기보다는 자국의 '처지'와 '형세'를 고려하는 자세, 달리 말하면 국가 생존을 위해 '균등한 예의'와 '존중하는 대우'를 갖고 타국을 대하며, '자중(自重)하는 의사'와 '불굴하는 기개'를 갖고 타국의 '치욕과 만모(慢侮)'를 회피하려는 신중함에서 비롯한다.[22] 극단적인 도덕주의와 극단적인 권력주의를 회피하면서 도덕과 권력 사이에서 균형을 취하는 국제정치관이라 하겠다. 하지만 그러한 균형이 정치현실에서 구현된 것은 아니다. 근대한국은 '대소의 분(分)'과 '강약의 변(辨)'을 초월하여 '진정한 공도'를 실현하기는 어려운, 동시에 권력주의를 추구하기도 쉽지 않은, 대단히 도덕적인 장소였기 때문이다.

'세력의 강약'과 '예의' '신의'는 사대체제에 익숙했던 습성의 잔여일 수도 있다. 전통적 관습을 단절하고 근대적 주권평등의 이념을 정치현실에 구현시키고자 권력을 추구했을 때, 1880년대 김옥균이 그랬듯이,

---

22. 「방국의 권리」, 107쪽.

청국의 권력에서 벗어나고자 극단적인 정치행동(갑신정변)이 수반될 수도 있다. 또한 주권평등이 실현되기 어렵다고 판단되었을 때, 1900년대 입헌개혁론자들이 그랬던 것처럼, 현실의 권력정치와 권력주의를 용인하고 일본의 권력에 의존하거나 추종하는 타협적 사유와 행동이 출현하기도 한다. 도덕과 규범의 감각을 상실했을 때 극단적인 권력지향은 국가의 생존을 위협하는 결과를 낳았던 것이다.

유길준이 목도했던 1900년대 후반 '사력'(詐力)과 '정략'이 횡행하는 '무력'과 '패도'의 시대, 개인의 도덕과 국가의 권력이 분리되어 국제사회에서 우승열패의 이치와 권력만이 의미를 갖는 '착란시대'에는, 흔히 파시즘이나 인종주의에서 보듯이, 도덕규범과 정치권력을 함께 고려하는 신중함이나 점진주의보다는 극단적인 권력주의나 도덕적 원리주의가 횡행하기 십상이다. 근대한국의 유학자들은 '인'(仁)과 '도'(道), 인륜의 도덕과 만국공법의 규범으로써 국제권력과 폭력을 견제 비판하려는 경향이 강했다.

유길준은 우승열패의 '착란시대'에 권력이 국제사회를 움직이는 동력임을 알았지만 권력주의에 편중하지는 않았다. I장에서 언급한 1900년대 유길준의 국제정치관은 도덕이 기능하지 못하는 국제사회의 권력정치 현실을 '개탄'한 것이지 권력정치 자체에 동의한 것은 아니다. "공법천마디 말이 대포 일문만 못하다"라는 권력지향적인 후쿠자와 유키치의 명제를 권력정치에 대한 '개탄'으로 뒤집어 해석한 데서 권력정치에 대한 유길준의 심리적 거리를 읽어낼 수 있다. 이 심리적 거리는 군사관에서도 보인다. 청년 유길준은 독립을 위한 방위력은 필요하다고 보았지만 공세적 군사력은 부정하였고 군사력으로 약소국을 멸시하는 '야만적 행실'에 비판적이었다.[23] 만년에도 군사력은 국권의 기본으로서 영국의 세계제패, 러시아의 팽창, 독일의 국위 확장을 가능하게 만든 추

23.「양병하는 제도」,『서유견문』, 262쪽.

동력이라 생각했지만,[24] '명분 없는 군대'(無名의 軍士)를 동원하는 것에는 비판적이었고 군사 행동에 대해서는 국제법에 의한 규제가 필요하다고 보았다.[25] 자기 방위를 넘어선 군사력 사용도 부정하였다. 만년의 유길준은 '우존열멸'(憂存劣滅)과 '강승약패'(强勝弱敗)를 '천도'와 '인사'의 당연지사로 보면서도 경쟁에 '공경하는 예'와 '사랑하는 덕'이 없으면 국가가 위태로워진다면서 경쟁의 '도'를 강조하였다.[26] 도덕과 권력의 '양절'은 유길준이 인민을 위한 정치를 행하는 프리드리히 대왕의 '지성'(至誠)을 인정하면서 그의 전쟁 도발에는 비판적이었던 태도에서도 보인다.

'정리'와 '공도'에 입각한 규범주의, 권력의 '시세'와 '처지'에 민감한 상황주의, 그리고 '신의'를 중시하는 도덕주의는 유길준의 국제정치관을 규정하는 요소였다. 규범주의는 원리주의적이기보다는 현실의 권력관계를 고려한 것이었다. '신의'와 '예'를 중시하는 도덕의식은 정치적 사려(prudence)를 산출하였고 권력정치에 대해 일정한 거리를 유지하는 것을 가능하게 하였다. 다만 '시세'와 '처지'를 고려하고 타국과의 관계를 중시하는 상황주의도 자주적인 세력균형 정책보다는—유길준은 한국의 세력균형 정책을 '경거망동'이라 비판하였다—'순망치한' '동족보거'의 외세(청국, 일본)에 의존하는 태도를 가져왔다.[27] 초기 유길준의 주권평등 관념이 원리 자체에 대한 신념보다는 소국 조선의 생존을 위한 전략으로서 제기되었음을 시사하는 대목이다.

2) '공법 천마디 말'과 '대포 일문'

"공법 천마디 말〔公法千言〕이 대포 일문(大砲一門)만 못하다"라는 경

24. 「세계대세론」, 『유길준전서』 III, 92-93쪽.
25. 「세계대세론」, 『유길준전서』 III, 99쪽.
26. 유길준, 『노동야학독본』, 349-350쪽.
27. 이에 관해서는 「중립론」, 「平和克復策」을 볼 것.

구(警句)는 1890년대, 1900년대 개화기 한국의 지식인들 사이에 널리 회자되었다. 이 말은 후쿠자와 유키치의 『국권통속론』(國權通俗論)에서 처음 사용되었는데,[28] 권력정치가 횡행하고 만국공법이 제대로 기능 못하는 현실을 폭로하고 부국강병을 촉구하는 권력의지의 표현이었다. 유길준은 이 경구를 원용하면서 권력정치 현실을 '개탄'한 것이라고 후쿠자와의 의도를 뒤틀고 있는데, 이 뒤틀림에서 제국주의와 권력정치에 대한 인식의 수준을 얼마간 짐작할 수 있다.

국권론과 권력정치의 색깔을 강하게 드러낸 이래 후쿠자와는 유교 비판을 통해 도덕과 정치의 분리를 시도하였고, 권력과 군사력을 국제관계의 본질로 간주하였다. 그는 도덕과 정치를 일치시키는 '유교주의'는 '주공공맹(周公孔孟)의 고대'에 맞는 질서원리로서 사회구조가 완전히 뒤바뀐 '금대의 사회'에는 적합지 않다고 비판하였다.[29] 그의 권력정치관은 다음 언설에서도 잘 나타난다.

> 오늘날 세계만국의 교제는 덕의 인정(德義人情)으로써 접할 수 있는 것이 아니고, 또한 약속법률로써 제(制)할 수 있는 것이 아니다. 오직 믿는 바는 병력이고 구하는 바는 이익일 뿐이다. 어제까지 간친(懇親)의 조약을 맺어 만대불역의 동맹국이라 칭하는 자라도 금일 그 한쪽에 틈이 있으면 이를 쳐서 취하는데 천지간에 이를 방해하는 자 없다. 이러한 위험한 만국교제 속에서 우리 일본도 독립해서 국위를 세계에 빛내고자 함은 진실로 용이한 일이 아니고, 첫번째 병비를 엄중히 하는 것이 간요(肝要)하다.[30]

여기서 도덕과 규범은 부정되고 권력과 이익이 국제정치의 동력으로

---

28. 후쿠자와 유키치의 발언은 다음과 같다. "백 권의 만국공법은 수문의 대포보다 못하고, 몇 책의 화친조약은 한 궤짝의 탄약보다 못하다. 대포와 탄약은 있는 도리를 주장하는 수단[備]이 아니라 없는 도리를 만드는 기계(器械)이다. …각국 교제의 길은 두 가지, 멸망시키느냐 멸망당하느냐 뿐이라고 말할 수 있다"(『通俗國權論』 『福澤諭吉全集』 第4卷, 岩波書店, 1959, 637쪽).
29. 「儒教主義」, 『福澤諭吉全集』 第9卷(岩波書店, 1960).
30. 「國會開設の儀に付建言」, 『福澤諭吉全集』 第20卷(岩波書店, 1960), 220-221쪽.

간주된다. '세계만국의 교제'(국제관계)는 '덕의 인정'(도덕)이나 '약속 법률'(만국공법=규범)로 운용되는 것이 아니라 '병력'과 '이익'에 의해 움직인다는 것이다. 여기서 "공법 천마디 말이 대포 일문만 못하다"는 명제가 성립한다. 근대정치관은 유교정치관을 대체하고 있다. 도쿠가와 말기 일본의 유학자이자 무사였던 요코이 쇼난(横井小楠)은 '심덕'(心德)과 '인정'(人情)을 결여한, 사실과 약속을 중시하는 서양학문('事業上의 學', '事實의 學')이 유럽 국제사회의 권력투쟁을 유발한다고 생각하고 '심덕의 학'과 '천지공공의 도', '인정'에 기초한 왕도질서의 회복을 주장하였는데,[31] 후쿠자와의 명제는 이러한 유교정치관의 폐기를 의미한다.

후쿠자와도 메이지유신을 전후한 시기에는 보편적인 '천'을 매개로 인간의 평등과 국가간의 평등을 주장하면서 "천리(天理) 인도(人道)에 따라 서로 사귀고, 리(理)를 위해서는 아프리카의 흑노(黑奴)에게도 황송해 하고, 도(道)를 위해서는 영국, 미국의 군함도 두려워하지 않고, 나라의 치욕이 되면 일본 국중의 인민 한 사람도 남김없이 목숨을 버려서 나라의 위광을 떨어뜨리지 않는 것"을 '일국의 자유독립'으로 간주하는, 즉 보편적인 '천리'와 '인도'에 입각한 만국평등 관념을 강하게 드러낸 바 있었다.[32] 그러나 이 만국평등 관념은 대국에 대항하여 소국 일본의 '자유독립'을 추구하는 명분으로서 제기된 것이지 '덕의' '인정'에 의거하는 왕도질서나 국제평화를 의도한 것은 아니었다. 그리고 권력의 축적을 통해 '나라의 위광'을 떨칠 여지가 커졌을 때, 논리적 긴장감을 상실한 채 '대포 일문'을 중시하는 권력주의가 숨김없이 표출되었던 것이다. '하나의 큰 전국'의 세계를 포착하는 현실주의적 국제정치관이 강했던 일본의 장소적 특질과도 무관하지 않을 것이다.

---

31. 「沼山閑話」, 『渡邊崋山 高野長英 佐久間象山 横井小楠 橋本左內』, 516-517쪽.
32. 「啓蒙手習之文」(下)(1871), 『福澤諭吉全集』 第3卷, 13쪽; 『學問のすすめ』 初編(1872).

근대한국에서 "공법 천마디 말이 대포 일문만 못하다"라는 말이 의미 변용을 겪었던 까닭은 일본과는 다른 근대한국의 정치적 위상과 도덕의식 때문일 것이다. 『독립신문』의 한 사설은 다음과 같이 말한다.

> 강한 나라는 만국공법을 버리고 대포 한 자루만 쓸지라도 약한 나라는 만국공법을 쓰는 것이 관중(貫中)할 바이로다. 만국과 맹약을 함께할 때에는 간난하고 부한 나라가 섭겨 살매 부국의 재물 많은 세력과 빈국의 넓이 사귀는 수단이 화동(和同)하여 지내는 지라. 빈약한 나라에서 범백(凡百) 일은 갖추지 못하고 병비만 베푼들 병비만 믿고 어찌 거만하며 어찌 외국을 겨으리요(한자—인용자).33

강대국이 '대포 한 자루'를 사용할지라도 약소국으로서는 만국공법으로써 대응할 수밖에 없다는 주장이다. 소국은 군비를 우선시하는 '거만'한 행동을 취하기보다는 강대국과 '넓이 사귀는', '화동하여 지내는' 외교를 해야 한다는 것이다.

젊은 시절의 이승만(李承晩)도 "만국공법이 대포 한 자루만 같지 못하다 하여 위력을 써 세상을 대하려 하매 인하여 나도 또한 공법을 버리고 세력을 믿으려 하는 날에는 남에게도 대단 위태하려니와 자기에게도 극히 염려될 바라"34고 주장한다. 여기서는 '위력'이 '위력'을 불러 자국과 타국을 위험에 빠뜨리는 안보딜레마(security dilemma)의 상황이 상정되고 있다. '공법'이 '세력'보다 못하는 국제정치 현실을 알면서도 '공법'에 의지할 수밖에 없는 까닭은 만국공법이라는 규범이 권력정치를 제어할 것이라는 기대보다는 '세력'이나 '위력'에 의존했을 때 감당해야 하는 '위태로움'에 대한 '염려' 때문이다. 이 발상이 '위력'과 '세력'이 극단적으로 분출되었던 러일전쟁을 전후한 시기에 발화되고 있음에 더욱 유의할 필요가 있다.

---

33. 『독립신문』 1898년 1월 20일자 사설.
34. 이승만, 『독립정신』(정동출판사, 1993), 50쪽.

도덕과 권력 사이에서 규범을 절실히 의식하는 까닭은 도덕주의적 성향뿐 아니라, 어쩌면 그 이상으로, 강대국과 약소국의 권력 배치 속에서 자립과 생존을 모색하는, 바로 외교를 생각하는 정치감각이 더 중요하게 작용했기 때문일 것이다. 만일 규범주의나 도덕주의의 확고한 신념이 우선된다면, '만국공법'은 도덕주의의 극단적 표상으로 동일시되고 '대포 일문'에 대한 도덕주의의 우월함과 필연적 승리에 대한 신념이 과도하게 표출되어야만 할 것이다. 위정척사론자들은 그러한 모습을 보였다. 그들은 도덕이 '대포'를 능가한다고 믿던가, 아니면 후술하듯이 만국공법이 하나의 규범으로서 '대포'를 견제해 줄 것이라 기대하였다.

유인석(柳麟錫)은 "도덕만 힘쓰다가 외국이 대포를 가지고 쳐들어오면 어떻게 감당할 것인가. 인도와 같은 나라도 도덕만 힘쓰다가 영국의 식민지가 되고 말았다. 실력을 기르는 일에 힘써야만 한다"라는 질문에 대해 다음과 같이 답변하고 있다.

> 이는 도덕이 무엇인지 모르며, 도덕을 힘쓸 줄도 모르는 것이다. 진실로 도덕에 힘쓴다면 어찌 외국을 감당하지 못하겠는가. 도는 결코 현허(玄虛)하고 미망(迷忘)한 것이 아니고, 충실하고 현저한 것으로서 그것을 확립하기만 하면 체(體)가 되고 시행하면 용(用)이 된다. 그것은 오상(五常)과 오륜(五倫)에 해당되고, 만사와 만물에 관통되는 것으로서 모든 사람이 다함께 지켜야 할 큰 것이다. 덕(德) 역시 결코 미매(迷昧)하고 고적(孤寂)한 것이 아니라 광명하고 강건하여 지(知), 인(仁), 용(勇)을 겸한 것이다. 그것을 발휘하면 문사(文士)도 되고 무장(武將)도 될 수 있는 것으로서 사람이 다 의거해야 할 실체이다…인도는 청정적멸(淸淨寂滅)을 힘쓰고 세상일을 돌아보지 않았으므로 현실적인 아무런 일도 하는 것이 없었던 까닭에 서양의 침략앞에 호랑이 밥이 됨을 면치 못했던 것이다. 그러니 그들은 말로만 도덕을 힘쓴다고 했지 실제로는 전혀 도덕을 힘쓴 것이 아니다. 또 도덕에 힘쓰는 것이 어찌 실력을 기르는데 방해가 되겠는가. 이것은 실력이 실로 도덕에서 나온 것임을 모르는 것이다. 도덕을 힘써서 생긴 실력이 온전한 실력인 것이다.[35]

---

35. 『우주문답』, 76-77쪽.

도덕('도'와 '덕')은 "현허하고 미망한 것이 아니고, 충실하고 현저한 것", 모든 것의 근원, '실력'의 근원이며, '실력'은 도덕에 기초해야만 '온전한' 것이 될 수 있다는 것이다. 이 언설이 한일합병이라는 외교 폭력이 발생한 몇 년 뒤에 표명되었다는 점에 유의할 필요가 있다. 극단적 도덕주의에 일상적으로 보이는 극단적인 표명이라는 점을 감안하더라도, 권력보다 규범과 도덕을 우선하는 유교적 도덕주의가 폭력에 의한 국망(國亡)의 상황을 당해서도 상존한다는 사실은 주목할 대목이다. 어쩌면 현실을 규율한다고 믿는 '도'의 영원성에 의탁함으로써 한시적이고 유동적인 권력을 초월한 근거를 찾았을지도 모른다.

도덕이 권력을 규정할 때 권력 개념을 중립화(자율화나 객관화)하고 정치영역을 도덕으로부터 분리시키는 일은 어려울 수밖에 없다. 제국주의 상황에서 국가의 생존이 국제권력에 의해 위협받고, 이 때문에 국내정치의 공공성이 형성되지 못한 상황에서, 권력에 대한 기존의 부정적인 이미지는 지속될 수밖에 없다. 군사력에 대한 유보적 자세는 군사력 자체에 대한 유교적 발상뿐 아니라 제국주의 상황과 밀접히 연관되어 있었고, 여기서 권력 이미지의 개선은 쉽게 이루어질 수 없었다. 지식인들의 논저나 『독립신문』『황성신문』 등의 사설에서 쉽게 찾을 수 있듯이 강대국의 국제폭력과 관료들의 국내폭력은 줄곧 도덕주의에 기반한 비판의식을 불러일으켰고, 대외위협에 대응하기 위한 군주정 체제의 필요성은 국내정치와 사회질서를 유지하고 강화하는 이념으로서 유교 덕목의 존재가치를 온존시켰다.

한편 러일전쟁에서 일본이 승리하고 보호조약 체결 이후 국망의 가능성이 커지면서 권력에 대한 민감성은 높아졌고 권력의지도 강화되었다. 또한 사회진화론이 급속히 유포되면서 국제사회의 정치원리로서 권력이나 폭력을 도덕보다 우선시하는 정치적 사유가 급부상하였다. 일본식 문명개화를 모델로 삼은 입헌개혁론자들은 권력정치론을 적극적으로 제기하기에 이르렀다. 아울러 도덕과 정치의 미분화 현상은 권력과 폭력에 대한 도덕주의적 비판과 권력주의적 추종이라는 양극화를 부추겼다.

3) '만국교통'과 '대동'

'만국공법'(규범, 도덕)과 '대포 일문'(권력)은 '공'(公)과 '사'(私)의 문제와 연관된다. 권력정치는 '일국의 사사로움'을 추구하는 의도와 행위에서 비롯되며, 극단적 귀결은 전쟁이다. '공' 관념이 국제정치사상에서 갖는 함의는 만국공법관뿐 아니라 대동(大同)사상에서도 찾을 수 있다. 주지하듯이 '대동'은 『예기』(禮記) 예운(禮運)편에 나오는 '천하위공'(天下爲公)의 세계에서 비롯하며, 국내정치에서 폭력을 억지하고 민본정치를 실현시키려는 '인정'(仁政)의 이상적인 상태를 가리킨다. '대동'의 질서 관념은 근대 동북아 지식인들이 사사로이 국가주권을 확충하려는 권력정치에 대항하고 권력정치를 극복하는 평화질서를 구상하거나, 혹은 사적 권력과 폭력이 억제되고 공공성이 통용되는 국제사회를 상상하는 과정에서 부활하였다.

대동사상은 유교적 '공' 관념을 토대로 자기-타자의 준별과 대립을 넘어 자기-타자를 포괄하고 국가의 사적 개별성을 초월하려는 보편주의적 사유였다. 국제화와 19세기적 지구화에 의해 국제영역이 국내영역을 규정하는 상황에서, 대동사상은 사해동포주의적 사유에 기반하여 권력정치와 근대적 폭력을 극복하고, 개별민족과 국가의 사사로움을 넘어 서구문명과 동양문명의 편차를 치유하고 양자 간의 융합을 추구하는 대안적 발상으로 소생하였다. 대동의 발상은 유교적 도덕의식이 국제사회나 국제질서에 투사된, 권력정치적 '서세동점'(西勢東漸)에 대한 도덕주의적 대항을 의미하는, 이를테면 '동도서점'(東道西漸)의 발상이었다. '인정'(仁政)은 국내영역을 넘어 국제영역에서, 혹은 지구적 수준에서 근대 국제사회의 폭력성을 치유하고 전쟁을 폐기시킬 수 있는 국제정치의 도덕 규범으로까지 상상되었다.

대동의 세계상은 '전국' 이미지에 대응한 것이었을 뿐만 아니라 '만국교통'(global communication) 이미지와 결부된 것이었다. '만국교통'은 과학기술(화륜선, 전보, 철도)이 서양국가들의 국제적 팽창을 추동하고 국제관계의 소통력을 높이는 국제 상황에 대한 인식, 혹은 그것을 표상하는 언어였다. '만국교통'의 세계가 상정되었을 때, 군사적 압박에 의한 강제적 개항과 개국과는 다른, 세계와의 만남을 계기로 세계에 대해 스스로를 여는 개방의 의식과 행위들이 출현하고 문명간 소통까지도 상상되었다.

양이론자들은 '만국교통'이 사회질서와 유교문명을 파괴할 것이라 믿었지만, 개방론자들은 만국교통이 가져올 문명의 전환에 주목하였다. 예컨대 최한기(崔漢綺)는 '만국교통'의 세계에서 '동문통행'(同文通行)의 변통을 모색하였다. "문자를 통하지 않는 것은 벙어리를 상대하는 것과 같다. 각기 답답한 마음을 갖고 투쟁의 단서를 일으키기 쉽다. 만일 문자를 서로 같이 해서 사정을 교통하게 한다면, 화해의 방법과 위유(慰諭)의 길은 왜곡되지 않을 것이다"[36]고 하면서 문명소통의 가능성을 생각했던 것이다. 유길준은 상호소통이 단일세계를 형성하는 국제 상황에 주목하면서 '피차간 문명의 천심(淺深)과 부강의 고하(高下)'는 기후와 같은 자연조건보다는 '호상교통'의 정도에서 나온다고 보았다. 서양국가들은 서양 내부의 '호상교통'뿐 아니라 비서구 세계와의 '왕래교통'을 통해 '국운'과 '부강'을 증대시켜 온 반면, 아시아 국가들은 서양국가와는 말할 나위 없고 아시아 국가들끼리의 '호상교통'이 없었기에 '문명'을 열지 못하고 '부강'을 증진시키지 못했다고 보았다.[37] 김윤식도 '만국교통'에 의해 언어와 사상과 정치가 상통하는 '동문' 영역의 확충, 대동주의의 실현을 상상하면서 "옛날에 육서(六書)를 가르치는 일

36. 『神氣通』(1836) 券1, 「四海文字變通」.
37. 「競爭論」, 『유길준전서』 IV, 55-58쪽.

은 겨우 동아 대륙에서 행해졌다. 이를 동문의 나라〔同文之國〕라 이른다. 지금은 만국교통하여 먼 항해가 이어지고 있다. 서양의 언어 문자를 익히지 않고 어떻게 교섭할 수 있을 것인가. 육서 이외에 각국의 국문을 배워야만 한다"고 주장하였다. '만국교통'은 "전제의 사사로움을 버리고 중의원을 설치하고 헌법을 밝혀 민과 더불어 하는" 유럽의 민주정치를 동북아에 전파시킨 계기로 간주되었다. '만국교통'은 '천리'의 보편성과 동서양에 공통되는 '공리'(公理)의 존재를 자각시키는 '대동의 뜻에 암합'한 것이었다.[38]

근대한국의 대동사상은 대체로 동서문명의 만남과 상호소통, 그리고 하나된 세계의 출현에서 의미를 찾고 있었다. 근대 중국과 일본의 경우 유교관념에서 나온 대동의 사유는 국제사회의 사적 질서와 폭력을 적극적으로 교정하려는 경향을 보였다. 근대 중국의 왕따오(王韜)는 과학기술의 발전에 따라 세계가 '동문동궤'(同文同軌)의 방향으로 통합하는 대동세계를 상정하였고, 캉유웨이(康有爲)는 국경과 인종을 초월한 차별 없는 평등세계의 유토피아를 꿈꾸었다.[39]

일본의 경우 유학적 사유에 입각한 대동적 발상은 '공공의 천리', '천지공공의 도', '왕도'로써 세계의 '분란'을 해결하려는 발상[40]이나 규율과 규범으로서의 만국공법에 의거해 국제사회의 '사전'(私戰)을 없애고 만국공법에 정한 '만국의 왕'과 '만국률'에 의거하여 '공덕'이 행해질 수 있는 '미락(美樂)의 천국'을 구현할 수 있다는 견해[41]에서 확인된다.

---

38. 「大同教緖言序」(1910), 『金允植全集』 2, 179-180쪽.
39. 캉유웨이, 이성애 옮김, 『대동서』(민음사, 1991).
40. 요코이 쇼난(橫井小楠)은 다음과 같이 말하고 있다. "화이피차(華夷彼此)의 차별 없이 모두 같은 인류이고, 따라서 서로 교통하고 교역의 대리(大利)를 통하는 것이 오늘날 자연의 이세(理勢)라 생각됩니다. …횡행이란 이미 공공의 천리가 아닙니다. 결국 세계에 진출〔乘出〕하려면 공공의 천리로써 그들의 분란도 해결할 정도의 규모가 없어서는 안 됩니다. 함부로 위력을 펼치려는 생각에서 나온다면 나중에 화환을 불러들이게 될 것입니다"(「沼山對話」, 1864).
41. 中村敬宇, 「萬國公法蠡管序」(1875), 大久保利謙 編, 『明治啓蒙思想集』(筑摩書房, 1967),

우에키 에모리(植木枝盛)는 '우내의 전국'과 '무법무정(無法無政)의 난세'와 같은 국제사회에서 국제평화를 이룩하려면 각 나라가 대의원을 내서 세계정부〔萬國共議政府〕와 세계헌법〔宇內無上憲法〕을 갖추고 '공의'(公議)에 따라 세계의 공군(公軍)을 구성하고 개별국가의 사군(私軍)을 없애야 한다고 주장하였다. 인애심을 갖고 전쟁의 '불인'(不仁)과 병란의 참혹함을 비판하는 유교적 심성에 기반한 견해였다.[42] 우에키의 세계정부론은 국제폭력의 구조를 바꾸려는 대동의 제도화, 달리 말하면 국제사회의 '공'적 제도화에 관한 구상이었다고 말할 수 있다.

우에키의 평화 구상은 1880년대 초반에 이미 동북아 국제사회에서 유포되기 시작하였다. 『한성순보』 제4호(1883년 12월 20일)의 논설은 왕따오가 중국 신문에 소개한 일본인의 평화론을 그대로 전재(轉載)하고 있다. 이 평화론에서는 '대의원'(大議院)과 '만국의 큰법'을 만들어 나라를 세우고 국가간 교제를 맺으며, 국경을 분할하는 것과 같은 일국에 한정되지 않는 일들은 공의에 부쳐야 한다고 주장하였다. 또한 전쟁은 천리와 인도를 거스르는 행위이며 군사비는 '백성의 고혈'이라는 생각을 갖고 각국의 사군을 없애고 세계의 공군을 창설할 것을 제안하였다. 우에키의 평화구상과 매우 흡사한 주장이었다.[43]

근대한국에서 대동의 제도화 구상이 소개 차원을 넘어 보다 구체화된 것은 캉유웨이의 공자교 운동이 조선에 들어와 공교(孔教)운동이 나타나면서였다. 캉유웨이는 중국의 전통과 이익을 반영시키고는 있지만, 유교의 인애 관념과 근대적 평등 관념에 기초하여 '공의정부'(公議政府)를 창설하여 인종간 차별과 국가간 경계를 없앰으로써 '대동'의 세계평화를 구현하려는 구상을 갖고 있었다.[44] 국제사회의 폭력구조를 바꾸려

289쪽.

42. 「板垣政法論」, 『植木枝盛集』 第1卷(岩波書店, 1990).

43. 「銷兵議」, 『漢城旬報』 1883년 12월 20일. 왕따오는 '일본 역사가 木下眞弘의 의론'으로 소개하였는데, 이 역사가가 어떤 인물인지 알려져 있지 않다.

44. 캉유웨이, 『대동서』.

는 이러한 도덕적 의지는 근대한국의 지식인들에게 수용되었다. 이승희(李承熙)는 '만국대동의원'(萬國大同議院)을 만들어 '만국공법'을 제정하고 문자·윤리·헌법·군사·기술·통상의 국가간 소통과 조화를 이룩하여 세계를 '공리(功利)의 분쟁'에서 '인의(仁義)의 대동'으로 바꾸고자 했다.[45] 조약에 의한 현상유지와 기회균등이 '국제의 통의'지만 무기체제가 발달하면서 '극단의 파괴'가 오히려 참혹한 '극전쟁'(極戰爭)을 소멸시키고 '극단의 평화'를 가져올 것이며, '세계 대연방'도 반드시 불가능한 것만은 아니라는 견해도 있었다.[46]

대동의 제도화 구상(평화체제 구상)은 국제폭력에 대한 규범적·제도적 규제화가 진전되었음을 보여준다. 그러나 대동과 세계평화의 구상은 현실과 유리되는 이상일 수밖에 없었다. 19세기 후반 유럽 국제사회에서도 민족주의에 의해 추동되는 제국주의 전쟁의 발발 가능성이 높아지는 가운데 평화를 모색하는 노력들이 나타났다. 헤이그 만국평화회의(1899, 1907)도 그중 하나였는데, 만국평화회의에 거는 기대에서도 도의적 국제정치관이 확인된다. 『독립신문』의 한 사설은 제1차 만국평화회의의 성과에 대해 유보적인 자세를 보였지만, 그 '아름다운 이름'(명분)과 의미에 대해서는 나름대로 평가하면서 만국평화회의는 법률에 의한 강제가 아니라 도의에 기초한 '임의'(자율성)에 따라 운영해야 한다고 주장하였다.[47] 평화의 제도화 구상에는 도덕적 국제정치관이 강하게 작용하였던 것이다.

사회진화론과 권력정치관을 받아들였던 입헌개혁론자들은 국제평화회의의 성과에 회의적인 자세를 보였다. 최석하(崔錫夏)는 제2차 헤이그 만국평화회의(1907)에 대해 명분은 아름답지만 실제는 '멸국신법'(滅國新法)을 만들기 위한 집회로 평가하였고 강자, 능자(能者), 적자(適者)

---

45. 「萬國大同議院私議」(李承熙, 1908).
46. 「世界平和의 理想」, 『西友』 제13호, 1907년 12월, 15쪽.
47. 『독립신문』 1899년 7월 22일 논설 「평화론」.

의 모임으로 보았다. 만국평화회의는 세계문명이 발달하고 열강의 침략 방법도 경제나 보호의 형태로 진보하는 천하대세의 측면에서 출현한 것으로 여겨졌다.[48] 인간의 야만성은 소멸되지 않고 전쟁은 인간의 고유한 권리이므로 피할 수 없다는 이유에서 비판받기도 했다.[49] 만국평화회의를 둘러싼 단상에서 도덕적 의지와 더불어 권력을 추구하는 인간의 야만성과 강자의 권리로서 전쟁이 용인되는, 그리하여 강권정치가 국제사회를 움직인다는 현실주의에 대한 인식이 제국주의의 상황에서 착근되고 있음을 알 수 있다.

제국주의적 폭력이 가시화되었을 때 도덕지향의 대동사상은 제국주의와 사회진화론의 결합체로서의 강권정치를 강하게 비판하는 근거가 되기도 한다. 개신유학자 박은식(朴殷植)은 '세계의 진화'와 더불어 '대동교'(大同教)의 출현에서 맹자 사후 수천 년간 강구되지 못했던 '천하위공의 지치(至治)'를 보게 될 것으로 믿었고, '천하위공'의 현재적 구현을 진화의 종국적 형태로 보았다. 그는 "대동교의 종지(宗旨)는 무엇이오. 성인의 마음은 천지만물로써 일체(一體)를 삼나니 이것은 그 생각〔意想〕과 헤아림〔推度〕에서 말미암음이 아니오, 즉 인(仁)의 본체가 본디 이와 같음이라. 왜냐하면 천지의 기(氣)가 곧 나의 기요, 만물이 받는 기가 곧 내가 받는 기이기 때문이라. 이미 이 하나의 기와 같으니 그 부여하는 리(理)가 어찌 같은 곳이 없으리오"라고 말하고 있는데, 여기서 대동사상은 '만물일체', 즉 '기'(氣)를 통해 천지만물과 나를 동일시하고 그것을 '인'(仁)의 본질로 이해하는, 우주와 자기를 연속적·일체적으로 파악하는 양명학적 사유와 혼효되어 있다. 대동의 사유는 '만물일체'의 양명학적 사유와 결합하면서 강권정치의 제국주의에 대항하는 심리적 토대를 강화하고 있다.

---

48. 최석하, 「평화회의에 대한 余의 感念」, 『太極學報』 제9호; 「平和會義에 對한 感念」, 『大韓每日申報』 1907년 5월 15일.
49. 「海牙會議」, 『大韓每日申報』 1907년 7월 5일.

약육강식을 공례(公例)라 이르며 우승열패를 천연(天演)으로 알아 나라를 멸하고 종(種)을 멸하는 부도불법(不道不法)으로써 정치가의 양책(良策)을 삼지만, 이른바 평화재판이니 공법담판이니 하는 문제는 강권자와 우승자의 이용에 불과하고, 약자와 열자는 그 고통을 호소하고 원한을 펼 곳이 없으니, 이는 상제(上帝)의 일시동인(一視同仁)과 성인의 만물일체에 대하여 서운하지 않을 수 없는 바로소이다.[50]

박은식은 '평화재판'이나 '공법담판'이 강자의 수단에 지나지 않는 제국주의와 강권의 세계에서 '상제의 일시동인'과 '성인의 만물일체'에 대한 회한을 느끼고 있다. 그는 현재는 비록 강권론적 사회진화론을 명분으로 삼는 제국주의가 횡행하지만 진화의 '상례'(常例)에 따라 머지않아 평등주의가 부활할 것이라 예측하였다. 또한 강권주의와 평등주의가 교체되는 최종 국면에서 강한 압박을 받고 있는 '대동(大東)민족'은 "장래에 평등주의의 기치를 고양하고 세계를 호령할" 것이라 믿었다.[51]

도의적 국제정치관은 권력이 횡행하면 할수록 권력세계에 대한 분개심을 높이는 특성을 갖는다. 젊은 날의 문일평(文一平)도 공공의 도덕(유교)에 비추어 권력정치의 '사욕'과 '세계의 사심'을 없애려는 강한 도덕적 의지를 보였다.

아아, 이천만 형제여, 빨리 일어나라. 붉은 해가 동에서 떠오르니 동양문명의 시대라…우리 국민의 윤리사상이 아주 풍부함은 본디 세계가 모두 아는 바라. 이 같은 고유한 특질로써 일체 권모술수를 버리고 일시동인(一視同仁)의 천의(天意)를 본받아 상천(上天)의 대명(代命)으로 세계의 횡도(橫道)를 쳐 없애고 만국안전(萬國安全)의 방침을 강구하여 평화의 관건을 잡는 것이 곧 우리 국민의 특질에 적합하도다. 백두산맥이 척추가 되고 황해의 물로 수족을 삼는 우리 나라 삼천리 강역은 부패한 세계에서 멀리 벗어나 있으니, 이처럼 뛰어나고 아름다운 산천풍토에 양육생장하여 군신 · 부자 · 부부 · 형제 ·

50. 「夢拜金太祖」, 『朴殷植全書』 中, 215쪽.
51. 「夢拜金太祖」, 310쪽.

> 붕우의 도가 올바른 우리 국민은 정의(正義)와 공도(公道)의 신성한 검으로 사욕을 범람시키는 잔적(殘敵)을 배제 소탕하고 미약(微弱)을 부축이고 이끌며 교만을 압도하여 청천 백일하에 세계의 사심을 근절하고 스스로 도덕상의 제왕이 되어 천지대도(天地大道)에 화신(化身)하여 만국민을 깨우칠지어다.52

'정의 · 공도'와 '사욕 · 사심'을 대치(對置)시키는 도덕주의적 세계관에 입각하여 조선은 '부패한 세계'에서 일체의 '권모술수'를 버리고 '오륜의 도'와 '일시동인의 천의'로써 '세계의 횡도'를 없애야만 만국평화를 달성할 수 있다는 주장이다. 문일평은 한국인들에게 '도덕상의 제왕'이 되어 '천지대도'를 위해 세계인을 각성시킬 것을 요구한다. 도덕은 권력정치에 대항하고 권력정치를 초극할 수 있는 근거였던 셈이다.

도덕 중시의 국제관념이 제국주의 상황에 대응하여 분출되는 방식은 유교적 사유가 권력정치적 근대세계에 대응하는 방식에 다름 아니다. 그것은 근대 국제사회의 '공'과 '사'의 문제에 대한 유학자들의 이해방식이기도 했다. 유학자들은 유교적 왕도관념을 국제정치 영역에 투사시켰고, 권력정치 세계를 선도(善導)하는 주도적 역할을 자국에 부여하는 강한 자의식이 있었다. 진보사관은 순환사관에 혼융되고, 근대문명의 폭력성은 유교문명의 '공도'에 포섭되었다. 이 같은 이해방식은 유교문명의 우월성에 대한 신념, 근대문명의 폭력에 압도당한 유교문명의 필연적 부활을 꿈꾸는 상상을 바탕으로 한다. 박규수와 김윤식은 '동도'(東道)가 서구사회에 넘쳐흐를 것을 믿었고, 박은식은 20세기 서양문명의 시대를 넘어 21세기에는 동양문명의 시대가 도래할 것이라는 신념을 보였다. 문일평에게도 동아문명이 부흥할 것이며 한국이 세계문명을 주도할 것이라는 강한 믿음을 가지고 있었다. 대동사상이나 유교적 왕도관념에 기초한 국제정치관은 자기중심적 문명관에 기초한다. 이 문명관에서는 권력의 객관적인 지표를 산정하려는 의식이나 행위보다는, 도

---

52. 「한국의 장래문명을 논함」, 『문일평전집』 제5권(민속원, 1985), 134-136쪽.

덕을 세계구상의 준거로 삼고 도덕을 통해 세계와 권력에 대한 '교정'과 '덕화'를 꾀하려는 의식과 행위가 부단히 작용하고 있었다.

V. 국가와 도덕-권력 관념

1. '일심'과 '신의'

도덕과 권력은 정치현상의 속성이지만, 도덕-권력담론의 생산은 한국의 생존과 밀접히 연관된다. 소국지향과 대국지향, 이와 관련된 부국강병(자강)은 근대한국의 존립과 관련된 중대 관심사였다. 도덕과 권력은 도덕국가(유교국가)나 패권국가 등의 용례에서 보듯이 국가의 속성을 표상한다. 유교정치관에서 '유도의 나라'('有道之國', '有道之邦')와 '무도의 나라'('無道之國', '無道之邦')는 국가의 속성을 규정하는 일상적 준거틀이었다. '전국'과 '만국교통'의 국제사회에서 소국이 생존할 수 있는 길은 '자강'(부국강병)을 통해 자립을 확보하고 '고립무원'을 극복할 수 있는 외교를 수행하는 데 있었다. 그런데 문명개화와 자주독립이 우선과제로서 요구되는 상황에서 문명개화의 목표이자 자주독립의 조건이었던 '부국'(富國, 혹은 富民)과 '강병'이 동일한 비중으로 인식되지는 않았다. 도덕과 권력에 관한 심성은 여기에도 관여하였다. 민본주의를 실현하는 부민의 경제국가를 지향할 것인가, 강병을 우선하는 군사국가를 지향할 것인가라는 과제를 안고 있었다.

'자강'과 '자주'의 내용과 조건은 논자에 따라 달랐다. 위정척사론자들은 비상사태에서 생존하기 위한 '자주'의 조건을 서양세력과 천주교를 배격하고 조선의 경제와 민생을 문란시키는 양물의 유입을 방지하는 '내수외양'(內修外攘)에서 찾았다. '내수외양'의 요체는 인심단합, 국론통일, 인재등용, 군대육성 등이었지만 경제개혁이나 군사개혁도 포함되었다. 이항로(李恒老)는 부의 독점에 반대하고 토지의 균등 분배를 위해서는 정전제(丁田制)가 가장 이상적이라 생각했지만, 민생을 해치지 않고 병농과 군량을 확보할 수 있는 병농합일(兵農合一)의 둔전제(屯田制)가 현실적이라 보았다.[1] 그는 이이(李珥)의 소론을 이어받아 십만양병설을 주장하였고, 민병을 조직하여 전시에는 관군과 협력하여 외적을 방위하고 평시에는 인륜을 닦아 사학을 물리칠 것을 제안하였다.[2] 기정진(奇正鎭)도 기존의 농병제나 모병제가 과거와는 성격이 달라진 비상사태에는 맞지 않다고 보고 관민에게 병기를 보급하여 훈련시키는 연병책을 구상하였다.[3]

경제와 군사에 관한 개혁구상은 위정척사론자들에게도 무력과 권력에 주목하는 정치적 현실주의가 있었음을 보여준다. 그러나 이러한 현실주의가 문화적 이념주의를 극복하거나 능가한 것이었다고 말하기는 어렵다. 우선적인 관심은 개혁 주체인 군주의 '수신'(修身), 즉 학문 수양을 통해 '도심'(道心)을 배양하는 데 있었기 때문이다. 서양 방어, 즉 외양(外攘)의 본질은 '내수'(內修)에 있었고, '내수'의 요체는 '수신'에 바탕을 둔 군주의 선정(善政)과 덕정(德政)이었다. '내수'를 위해서는 '군신일심'(君臣一心)이 요구된다. 이항로가 제시한 대응책은 이상적 정치세계인 '삼대'(三代)의 회복과 '내수외양', 그리고 도덕적 무장이었다. 이항로는 서양의 권력지향적인 '강'(强) '욕'(欲)에 대해 '삼대'의 도덕정

1. 유초하, 「화서 이항로의 사회사상」, 『민족문화연구』 제13호(1978), 169-170쪽.
2. 「辭同副承旨兼陳所懷疏」, 『華西集』 卷3 疏箚.
3. 신규수, 「한국개화기 위정척사론의 성격과 시대적 추이에 관한 연구」, 『원대논문집』 29(1995), 351-353쪽.

치로서 대항하고자 했다. 위정척사론자들도 '자강'(自强)이란 말을 사용했는데, 이 말은 동도서기론자나 유교개신론자의 경우와는 달리 군주의 도덕정치와 '수신'의 실현이란 뜻을 담고 있었다. 김평묵(金平默)은 "자강하는 근본은 오로지 성상(聖上)이 학문에 힘써 마음을 바르게 하는 데" 있다고 말한다.[4]

'일심'(一心)의 도덕자강론은 위정척사론자들에게만 한정된 것은 아니었다. 문명개화론자들도 국가의 개혁과 사회의 문명개화를 모색하는 과정에서 끊임없이 정부와 인민 사이의 괴리를 지적했고, 이러한 괴리를 초래한 관료의 부패를 신랄하게 비판하였다. 『독립신문』의 많은 사설들은 부패를 척결하고 정부와 인민이 '일심'을 이루어야 한다는 주장을 되풀이하였다. 『황성신문』의 사설은 고대 중국의 소국인 승(勝)나라가 대국인 제(齊)나라와 초(楚)나라 사이에서 군주와 백성이 합심하여 나라를 지켜낸 사례를 군민일치의 귀감으로 삼았고,[5] 북청사변의 사례를 통해서도 국가의 흥망이 '인심'의 이합집산에 달려 있다는 사실을 확인하였다.[6] 민심일치가 군비 강화보다 중요하다는 주장도 개진되었다.[7]

'일심'은 비상사태에 대처하기 위한 국가통합의 조건이지만, 권력에 대한 도덕적 대응이란 측면도 갖는다. 국가통합의 정신적 측면을 강조하는 것은 도덕주의의 일반적 경향이다. 여기서 유의할 것은 위정척사론자이건 문명개화론자이건 도덕이 정치행동의 준칙이나 제도적 규범으로서가 아니라 '수신'이나 '군민일치'와 같은 행위주체(군주, 민)의 윤리 문제로 귀결된다는 사실이다. 이러한 도덕의식에서는 국가통합의 규범을 체제와 제도의 차원에서 생각하는 발상은 생겨나기 어렵다. 민주

4. 「治道私擬 第十五策 論反經息邪」, 『重菴集』 卷35, 雜著.
5. 『황성신문』 1900년 4월 2일자 논설.
6. 『황성신문』 1900년 8월 22일자 논설.
7. 『황성신문』 1900년 8월 25일자 기서.

정치의 규범에 대한 일정한 이해는 가능할 수도 있겠지만, 민주정치 체제와 제도를 받아들이기 위해서는 서양 근대사상의 수용이 전제되어야만 했다.

한편 '신의'(信義)는 인간관계와 사회생활을 규율하는 윤리일 뿐 아니라 이제 '전국'과 '만국교통'의 상황에서는 국가간 관계와 외교를 규정하는 윤리로 간주되었다. '신의'는 이념적으로는 유교와 결부된다. 그러나 현실적으로는 대국들의 국제권력에 대응하여 살아남아야만 하는 소국의 생존의지에서 제시된 측면도 있다. '신의'를 중시하는 태도는 거의 모든 논자들이 공유하였지만, '신의'의 구체적 표현에는 편차가 있었다. 동도서기론자나 문명개화론자들은 후술하듯이 '외결내수'(外結內修)를 통한 '자강'을 주장했는데, '외결'(개항과 조약체결)에서 가장 중시된 것은 '신의'였다. 정영조(鄭暎朝)는 강병론을 주장하면서 "각국이 우호를 강구할 때 신(信)은 사시(四時)와 같고 의(誼)는 일가(一家)와 마찬가지다. 만일 조금이라도 조약을 어기면 힘을 합쳐 이를 치고 조금이라도 불우(不虞)함이 있으면 힘을 합쳐 이를 구해야 한다…우리 나라는 해우(海隅)에 벽재(僻在)해 있지만 예의(禮義)는 만국에서 가장 뛰어나다"[8] 고 하여 외교관계에서 '신의'가 중요함을 잊지 않았다. 변옥(卞鋈)도 상술한 위정척사론자의 '자강' 관념과는 달리 '내수'의 방도를 '생재'(生財)에서 찾았고, 이를 위해 일본과 우호관계를 맺고 서양국가에 대해서도 '신의'를 갖고 대해야 한다고 주장하였다.[9] 김윤식도 '신의'를 정치외교의 기본 요소로 간주하였다.

'신의'는 타국에 대해 도덕적 우월감을 느끼고 서양문명에 대해 유교문명의 우수성을 드러내는 심리, 즉 일종의 자기중심주의의 표현인 경우도 많다. 중화체제하에서는 유교문명의 '예의'를 갖추었다는 자부심

---

8. 鄭暎朝 上疏文, 『承政院日記』 高宗 19年9月5日條.
9. 卞鋈 上疏文, 『承政院日記』 高宗 19年9月5日條.

에 근거하여 자국과 자문명을 세계에서 가장 뛰어난 존재로 생각하는 '예의지방'(禮義之邦) 관념이 형성되어 있었다. 스스로를 '예의지방'으로 자처하는 자의식은 국제관계를 규율하는 '예'가 소국의 존재근거로서 내재화하고 스스로의 존재방식을 정당화하는 규범이 되었음을 의미한다. '신의'에 의탁된 자기중심주의는 이러한 '예의지방' 관념에 연속한다고 볼 수 있다. 주권국가체제에 들어서도 '예의'는 타자와의 관계에서 일종의 관성처럼 일정한 의미를 가졌다.

그렇지만 '신의'를 강조하는 것이 '예의'에 대한 진정한 믿음에서 나오는 것만은 아니다. 국제사회에서 행사되는 권력과 폭력에 대해 물리적으로 어찌할 수 없는 상황에서 '신의'는 그러한 권력과 폭력에 대한 도덕적 비판의 수단으로서 동원되기도 했다. 특히 일본이 조선의 자주독립을 위협하는 정도가 심해질수록 '신의'와 '예의'는 일본의 폭력 행사를 견제하고 비판하는 준거로서의 성격이 강해졌다. 후술하듯이 근대 한국의 지식인(유학자)들은 일본에 대해 '신의'를 지킬 것을 강렬히 요구하였는데, 여기서 '신의'는 도덕적·문명적 자기중심의식을 넘어서 권력의 취약성을 보완하는 소국의 생존근거로서, 명분으로서의 성격을 더욱 강하게 띠게 된다.

2. '부국'과 '강병'

근대 동아시아에서 '부국강병'은 새로운 근대국제법체제에 적응하고 국가의 주권과 민의 생존을 확보하는 데 일차적으로 요구되는 사항이었다. 개항이나 개국이 위협으로 받아들여졌을 때, 더구나 서세동점의 군사적 성격을 인지했을 때, 생존과 발전을 모색하는 부국강병론은 가장 유력한 정치담론으로서 출현하였다. 흔히 '부국'과 '강병'은 '부국강병'이란 한 단어로 쓰이는데, 이는 '부국'(혹은 '부민')과 '강병'이 상호 보완적이거나 상호 연결되어 있음을 보여준다. 그러나 유교사회나 유교적 사유에서는 '부국'과 '강병'은 구별되는 개념이었다. 특히 두 개념은 문호개방 이후 문명개화를 추진하고 근대국가를 형성하는 과정에서 긴장과 갈등을 보였다. '부국'과 '강병'의 구별과 긴장은 '부국'(혹은 '富民')이 전통적 도덕관념과 민본주의에 입각한 데 비해, '강병'은 권력을 추구하는 속성이라는 사실에 기인한다.[10]

일본의 경우 1880년대 들어 '부국'과 '강병'을 둘러싸고 강병 우선(국가 우선)의 정치적 사유와 부국 우선(인민 우선)의 정치적 사유가 치열한 대립을 보였다. 군인정치가 야마가타 아리토모(山縣有朋)는 "만일 부국은 본(本)이고 강병은 말(末)이라 한다면, 민심은 날로 사리(私利)를 좇게 되어 공리(公利)가 있는 바를 알지 못할 것"이라 말하면서 세금을 늘려 군비를 확장해야 하며, 인민의 일시적 불만은 억압해도 좋다고 주장하였다. 이에 대해 자유민권론자 나카에 초민(中江兆民)은 "부국과 강병의 둘은 천하에서 서로 가장 용납하기 어려운 것"이기 때문에 동시에 추구할 수 없고, 정부의 강병책은 '인국교제(隣國交際)의 도'가 확립되지 않은 데 기인한다고 주장하였다. 나카에 초민은 '병'(兵)을 '불인(不仁)의 기(器)'로 보고 '강병'을 인민을 탄압하는 '불인'의 행위로 간주하는 군사관, 그리고 "정부는 인민의 천(天)이 아니다. 인민은 정리(正理)로써 천을 삼아야 한다"라는 정부관을 갖고 있었다.[11] 하지만 '부국'과 '강병' 사이의 이 같은 긴장은 일본의 국내 권력이 강화되고 권력지향적 외교정책이 강화되면서 점차 소멸해 갔다. "병력의 후원이 없는 외교는 어떠한 정리(正理)에 근거할지라도 종국에는 실패를 면하지 못한다"는 무쓰 무네미쓰(陸奧宗光)의 현실주의 외교는 청일전쟁과 삼국간섭을 거치면서 더욱 강화되었다.

---

10. 이하 '부국'과 '강병'에 관해서는 장인성, 「체제해체기의 개혁사상」, 강광식 외, 『조선시대 개혁사상 연구』(한국정신문화연구원, 1998), 207-214쪽 참조.
11. 松永昌三, 「自由民權思想」, 橋川文三 · 松本三之介 編, 『近代日本政治思想史』 I(有斐閣, 1971).

개화기 한국의 부국강병은 '자강'이란 말로 표현되었다. 동도서기론자들의 정책론은 '자강'과 '외결내수'(外結內修)가 요체였다. '자강'은 부국강병을 가리키며 '외결'(개국)은 '내수'(내정)의 전제였다. 위정척사론자들의 '자강'은 심성을 중시한 개념이었지만, 동도서기론자들의 '자강'은 개방과 서양 과학기술의 수용을 전제로 한 물질〔器〕을 중시한 개념이었다. 동도서기론자들은 전통사회와 체제를 보전하는 일은 서양의 과학기술을 받아들여 '자강'을 실현함으로써 가능하다고 보았다. 자강론은 중국의 시론서와 과학서가 조선에 전래되면서 출현하였다.[12]

부국강병론에는 청국 양무(洋務)운동의 영향을 받은 강병우선론과 유교민본주의에 기반한 부국우선론이 있었다. 개항 초기에는 강병론이 우세하였다. 대표적인 자강론자였던 김윤식은 세계 각국이 병사를 기르고 합종연횡을 통해 병력으로써 다투고 법률로써 상호 의지하는 상황에서 문호개방을 해야 하며, 국위의 손상을 막기 위해 "반드시 먼저 연병(練兵)을 해야 하며, 진실로 병사를 기르려면 이기(利器)를 갖추어야만 한다"고 강병우선책을 주장하였다.[13] 유생 조문(趙汶)도 서양국가의 군대와 병기, 그리고 훈련법을 모델로 삼아 근대적 군사력과 기술을 갖춰야 한다고 주장하였다.[14] 정영조도 농상업에 종사하지 않는 자들과 연소자들을 모아 군대를 만들고 군사훈련을 행하여 강력한 군사를 양성할 것을 주장하였다.[15]

이처럼 강병우선론이 적극 개진된 것은 1880년대 대외개방을 둘러싼 논란이 일고 한반도를 둘러싼 청일간의 대립 갈등이 깊어지던 때였다.

---

12. 개화유생들은 『萬國公法』『朝鮮策略』『普法戰紀』『博物新編』『格物入門』『格致彙編』『箕和近事』『地球圖經』『農政新編』『公報抄略』 등을 통해 서양기계가 농업과 군사력에 유용함을 알게 되었고 서양기계의 수용을 주장하였다(趙聲敎 上疏文, 『承政院日記』 高宗 19年9月5日條; 池錫永 上疏文).
13. 「以領選使渡灣時疏」, 『金允植全集』 2, 31쪽.
14. 趙汶 上疏文, 『承政院日記』 高宗 19年9月20日條.
15. 鄭暎朝 上疏文, 『承政院日記』 高宗 19年9月5日條.

이 대립 갈등에서 한국의 군사적 한계가 명확히 인식되었을 때, '강병' 보다 '부민'과 '부국'을 중시하는 정책적 사유가 부상하였다. 1880년대 개혁의 좌절을 겪고 열강의 개입으로 '강병'의 한계에 봉착한 김윤식은 1890년대 들어서는 '부민' 없는 '강병'은 불가능하다는 사실을 깨닫고 부민우선론으로 돌아섰다.[16] 『황성신문』의 한 사설은 한국이 러시아와 일본의 위협 사이에 놓여 있어 수십만 명을 양병해야 하지만 국가가 빈곤하고 백성이 굶주리면 군사는 강할 수 없기 때문에 나라를 잘살게 만든 뒤 군대를 증강하고 군함을 준비해야 한다고 주장하였다.[17] 재정 절감의 차원에서 군사력 확장을 비판하고 식산(殖產)과 생재(生財)를 위해 군비 절제나 감병(減兵)을 요구하는 주장들도 속출하였다.[18] 적을 방어하고 우환에 대비하려면 육해군 · 전함 · 포대 · 군량 · 군품 등 군사력을 갖추는 일이 급선무라는 주장은 무비(武備)는 '말'(末)일 따름이며 국가의 큰 일은 자주의 권리와 정치가 선행되면 자연히 해결된다는 비판을 받았다.[19] 부국우선론은 강병우선론을 압도하였다. "나라를 다스리는 도에 나라가 잘살게 되면 군사가 반드시 강해진다"(有國之道 國富然後兵必强), "군사가 강한 것은 나라가 잘사는 것만 못하다"(兵强不如國富)[20]는 언설에서 보듯이 '부국' '부민'은 '강병'보다 우선적으로 요구되었다.

'부민' '부국'의 발상은 '안민'(安民)을 추구하는 민본주의에서 나왔다. 부국강병의 조건으로서는 농상공업을 진작하고 이를 위해 학교 설립과 교육 확충이 강조되었는데, 교육의 궁극적인 목적은 '안민'에 있었다. 군사력 증강과 증세(增稅)는 안민책을 강구하여 '민산'(民產)을 충족

---

16. 「十六私議 第三養兵」, 『金允植全集』 2, 481쪽.
17. 『황성신문』 1900년 2월 22일자 논설.
18. 예컨대, 『황성신문』 1902년 2월 3일자 논설; 동 1902년 2월 4일자 논설; 동 1902년 11월 4일자 논설.
19. 『황성신문』 1900년 7월 6일자 논설.
20. 『황성신문』 1900년 2월 22일자 논설.

시킨 이후에 생각될 수 있는 것이었다.[21] '민산'의 충족은 '항산'(恒産)을 의미한다. 실학을 배우고 실업에 종사하여 '항산'을 다스리고 '항심'(恒心)을 세우면, 백성이 행복해지고 나라가 발전한다. "항산이 없으면 항심이 없다"라는 『맹자』의 민본주의는 여전히 부국강병관의 기본을 이루었던 것이다.[22] 백성에게 일정한 직업을 갖도록 하는 '항산'은 '양민'(養民) '신민'(新民) '교민'(敎民)을 위한 조건이었다.[23]

'부민'은 '안민'을 위한 명분이었을 뿐 아니라 국가재정과 관련된 현실문제였다. "대저 국가는 경비〔支用〕가 크게 필요하므로 백성에게 거두지 않을 수 없으니 민은 곧 재물〔財〕의 근본〔本〕이라. 그 근본을 힘써서 재화〔財〕를 다스리지 아니하고 단지 조달〔需用〕만을 날로 하면 상하가 서로 손해를 면치 못할지라…백성을 길러 재화를 얻지 못한 자 지금까지 없었고 백성을 곤하게 하여 재물을 잃지 아니한 자 또한 아직 없었다. 이를 미루어 구빈(救貧)하는 도를 더불어 논할지라"[24]라는 언설에서 보듯이, '부민'은 국가 재정의 문제였다.

흔히 부민우선론이나 부국우선론에서는 '이재'(理財) '재용'(財用) '생재'(生財) '축재'(蓄財)를 재정운용책으로 삼았다. '이재' '재용'은 절약을 중시하는 전통적인 경제윤리에서 나온 소극적인 재정확보책이었다. 재정은 백성의 조세로 성립되고 조세의 확충에는 한계가 있기 때문에 '양입위출'(量入爲出), 즉 세입을 헤아려 지출해야 한다는 것이었다.[25] 곽기락(郭基洛)이 '자강'을 '절성'(節省) '숭검'(崇儉) '여염'(勵廉) '신법'(信法) '공평' '관용'의 관점에서 파악한 것이 그 예다.[26] 한편 '생재' '축재'는 적극적인 부국책인데, 주로 채광과 개간이 상정되었다. 앞에서

---

21. 『황성신문』 1900년 3월 7일자 논설; 동 1902년 11월 28일자 논설.
22. 『황성신문』 1901년 5월 15일자 논설 "爲挾雜者警."
23. 『황성신문』 1899년 11월 25일자 논설.
24. 『황성신문』 1899년 7월 26일 논설, "府庫가 空虛하여 衣食이 艱難하다."
25. 趙聲教 上疏文.
26. 郭基洛 上疏文, 『承政院日記』 1881年6月8日條.

말한 정영조의 강병론도 '축재'를 전제로 삼았고,[27] 조성교(趙聲教)도 세금 징수의 한계를 지적하면서 재정을 확보하려면 "경직(耕織)에 편리하고 병비(兵備)에 이로운" 서양기계를 도입하여 민과 국가의 이익을 늘려야 한다는 식산정책론을 폈다.[28]

이처럼 '강병' 비판은 '강병'이 조세 부담을 늘려 백성의 희생을 강요한다는 민본주의적 '안민'의식에서 나온 것이었지만, 군사력이 소국의 외교정책 수단으로서 적절치 못하다는 인식도 결부되어 있었다. 『독립신문』의 한 사설에는 대한제국은 외국과 싸울 일이 없기 때문에 군사는 많을 필요가 없고 쓸데 없이 군사비를 지출하여 국재(國財)를 허비해서는 안 된다는 인식이 보였다.[29] 앞에서도 인용한, "만국과 맹약을 함께 할 때에는 간난하고 부한 나라가 셥겨 살매 부국의 재물 많은 세력과 빈국의 넓이 사귀는 수단이 화동하여 지내는 지라. 빈약한 나라에서 범백 일은 갖추지 못하고 병비만 베푼들 병비만 믿고 어찌 거만하며 어찌 외국을 겨으리요"[30]라는 언설에는 군사력보다는 외교와 국가발전을 중시하는 소국의 국제정치관이 잘 드러나 있다.

군사력에 대한 회의는 재정과 국제정치적 위상에 대한 고려 때문만은 아니다. '병'(군사)을 '불인'(不仁)으로 보는 유교정치관이 작동하고 있었다. 『한성순보』는 다음과 같이 말한다.

> 대저 병이란 흉기이다. 그러나 그것이 흉한 것인줄 알면서도 반드시 양성하는 것은 마음대로 폭력을 쓰기 위해서가 아니라 난을 저지하기 위해서이다. 오늘날에 있어서 급선무이기도 하지만 병만 단순히 양성할 수는 없다. 반드시 재정이 충분해야 한다.[31]

---

27. 鄭暎朝 上疏文.
28. 趙聲教 上疏文.
29. 『독립신문』 1898년 5월 31일자 사설.
30. 『독립신문』 1898년 1월 20일자 사설
31. 『한성순보』 제7호, '각국 군비 및 국채', 115쪽.

근대한국에서 '부국'-'강병' 논의가 일본과 달리 치열한 담론투쟁으로 나타나지 않고 부민론이 우세했던 까닭도 이러한 군사관에서 찾을 수 있을 것이다. "무(武)를 더럽혀서는 안 되고 힘에 의지해서도 안 된다"(武不可黷 力不可恃)[32]라는 폭력 부정의 자세는 제국주의의 상황에서도 온존하였다. 군사력을 긍정하는 경우에도 군사력을 도덕으로 규율하려는 의식이 강했다. 일찍이 박영효는 군사력과 도덕의 관계에 관해 다음과 같이 말하였다.

> 무(武)는 사람의 기력과 같다. 사람이 기력이 없으면 자립할 수 없고 모욕을 막을 수 없다. 나라가 무비가 없으면 안으로는 정치를 행할 수 없고 밖으로는 교린을 할 수 없다. 사람에게 기력이 있어도 마음이 정해지지 않으면 위태로와지고 나라에 무비가 있어도 병이 하나이지 않으면 어지러워진다. 그러므로 병은 하나됨이 중요하지 많음이 중요한 것이 아니다. 하나로 하고 싶으면 인의로써 가르쳐서 나라를 위해 스스로 싸운다는 뜻을 알도록 해야 한다…그러므로 나라를 다스리고 군을 다스리는 것은 마땅히 예로써 가르치고 의로써 힘써야 하며, 병과 민으로 하여금 부끄러움을 갖게 해야 한다. 대저 사람이 부끄러움이 있으면 크게는 싸울 수 있고 작게는 지킬 수 있다.[33]

병사의 단결은 '인의'가 있어야 가능하며, 군사력의 행사는 '예의'로 통제해야 한다. 병사는 '부끄러움'을 가져야 한다. 도덕이 있어야만 진정한 싸움이 가능하다는 얘기다. 도덕은 군사력을 다스리는 요소였다. 이러한 군사론은 국망 이후에도 생명력을 유지하기도 했다. 유인석은 "서양이 병기에서 먼저 이로움을 얻었는데 오늘날 중국과 조선이 이에 대응하기 위해 병기를 써야만 할 것인가"라는 질문에 다음과 같이 스스로 답하고 있다. 서양 열강이 병기로 세력을 얻는 현실에서 군사력이 없으면 나라를 지킬 수 없으므로 군사력이 없어서는 안 되지만 부득이한 경우에만 사용해야 한다, 군사력은 세(勢)로 보아서는 사용할 수밖에

32. 「送今關天彭(壽麿)西遊中華序」, 『雲養續集』 卷2, 41張.
33. 박영효 상소문.

없지만 이치〔理〕로 보면 사용해서는 안 된다, 부득이 세에 따라 무력을 행사하더라도 제압한 다음에는 병기를 쓰지 않도록 해야 한다.[34] 유인석의 군사관에는 유교의 '권도' 관념과 '인' 관념이 상호 보완적으로 투영되어 있다고 해석할 수 있다. 군사력에 대한 비판적 혹은 제한적 인식은 근대적 무력현상을 접하면서 지속적으로 표명되었지만, 국망 이후 근대적 군사관이 본격적으로 전개되고 제1차 세계대전을 전후하여 무장평화론이 우세해지면서 현저히 약화될 수밖에 없었다.

이상에서 근대한국에서의 '부국'(부민)과 '강병'은 '부국강병'이라는 일체어로 통칭될 수 없는, 상호 연관되면서도 구별되어야만 하는 개념이었음이 확인된다. 이 개념들은 근대국가체제를 받아들이면서 새롭게 촉발되었지만, 유교 이념과 유교사회의 장소적 특질이 투영되어 있고 전통적 의미를 상당 부분 온존시키고 있음이 감지된다. 그러나 한편, '부국강병'이란 일체어도 '부국'과 '강병'의 단순한 조합이 아니라 그 자체로서 새로운 가능성을 보이기 시작하였다. 유학자들이 전통적 사고방식을 갖고 '부국'과 '강병'을 구분했다고 한다면, 문명개화론자들은 '부국'과 '강병'을 연결시켜 생각하고 일체화의 가능성을 생각했기 때문이다. 그것은 기존의 부국강병관이 근거했던 사고방식과 윤리를 바꾸는 '교육'의 가능성 속에서 모색된다. 문명개화론에서는 군사적 열위를 만회하기 위한 발전(문명개화)을 꾀하려면 교육을 통해 삶의 방식과 사고방식을 바꾸는 것을 중시한다. 교육은 "사람의 도리를 닦은" '개화'를 추구하는 행위이며 군사력은 그 결과로서 자연스럽게 생성될 수 있다.[35] 『독립신문』의 한 사설은 이를 잘 표현한다.

---

34. 『우주문답』, 75-77쪽, 84쪽.
35. 『독립신문』 1898년 6월 14일. 문명개화론자는 일본에 대해 연대감을 보였지만 다른 한편 일본의 강병정책에 대해서는 비판적이었다. '힘'에 대한 현실적 용인과 비판의 공존이라 하겠다.

오늘은 야만의 이름이 있더라도 내일에 가서 사람의 도리를 닦은 즉 이도 또한 개화하는 지경 가운데 인민이 될지니 이 이치를 자세히 궁구할진대 개화가 되고 못되는 데 교육이 제일 큰 것이 아니리오…지금 국가에서 양병하는 것이 급선무가 아니니 사오천 병사를 길러 어느 곳에 쓰려 하는지 이 병사로 구미 각국을 방어는 못할 것이요 다만 국내 난당을 진정할 뿐이니 양병하는 경비 백여 만원으로 각종 학교를 확장하여 후생들을 잘 배양하면 부국강병하는 책술이 자연 그 가운데 있으니 교육을 입은 인민들은 자연 병사도 될 터이요 자연 개화한 사람도 될 터이니 이것이 이른바 두 가지가 온전하는 책술이다.[36]

여기서 교육은 군사력과 문명개화 두 가지를 함께 이룩할 수 있는 수단으로 간주된다. 이 '교육'이 근대 교육을 의미한다면, '강병'을 규율했던 유교 규범의 함의와 위상은 약해질 수밖에 없고 부국강병론의 성격도 바뀌지 않을 수 없을 것이다.

3. 국제폭력과 '만국공론'

권력정치의 국제사회에서 대국의 이기심과 이기적 행동은 때로 폭력을 수반하고 국제사회의 공공성을 위협한다. 소국이 권력정치의 국제사회에서 살아남으려면 부국강병과 외교를 통해 자주독립을 도모해야만 한다. 그 어느 것도 어려웠을 때 국제정의와 공공성에 호소하는 행위가 나타난다. 국제정의나 공공성을 명분으로 내세우거나 이에 호소하는 행위는 국제권력과 폭력에 대항하는 도덕적 저항의 표현이다. '만국공론'(국제공론)을 거론할 때 사람들은 국제사회의 공공성을 기대하고 대국의 에고이즘과 권력정치를 비판한다. 근대한국의 지식인들은 주권을 보전하기 위해 일본의 기만행위와 대외팽창을 비판할 때마다 '만국공론'을 동원하곤 했다. 그것은 도덕적 관점에서 한국과 동북아의 안보를 위

---

36. 『독립신문』 1898년 8월 13일 사설 '유지각한 친구의 편지'.

협하는 대국 일본의 행태를 비판하는 행위였다.[37]

국제사회의 공공성을 들어 현실의 국제사회를 비판하는 관점은 유길준이 선구적으로 제시한 바 있다. 유길준은 공공성의 기준을 '규칙'과 '공론'에서 찾았다. 앞에서 보았듯이 유길준은 대국과 소국이 평등권('평균의 예')을 보유하는 위계 없는 국제사회를 상정하면서 만국공법을 '천지무편의 정리' '일시(一視)의 도' '지공(至公)의 도'로 간주하고 주권평등과 국제평화를 보장하는 기제로 보았다. 국제사회의 공공성은 '천지무편의 정리', '지공의 도'로 표현된 보편적 원리와 "타방의 권리를 존중하지 않으면, 이는 자기의 권리를 스스로 해치는" 상호성에 기반한다. 국법이 국내사회의 공공성과 평등성을 부여하는 공적 기제이듯이, 만국공법은 국제사회의 공공성과 평등성을 보장하는 공적 기제로 간주된다.[38] '(만국)공법의 확단선재(確斷善裁)한 규범'은 약소국의 주권과 독립권을 보장하며 약소국의 '정리'(正理)를 침탈하는 '불의한 폭거'나 '무도한 악습'을 불허하는 것으로 여겨졌다.[39]

국제사회의 공공성에 관한 생각은 근대정치론과 밀접히 결부된다. 유길준은 서양사회를 움직이는 원리에 관심을 가졌는데, 특히 '규칙'과 '공론'[40]에 주목하였다. 서양에서는 노동자 사회나 법률가 사회나 모두 '규칙'과 '공론'에 따라 영위된다.[41] 정치 영역에서는 정부가 민간의 공익을 위해 '규탁'(規度)을 세우는 한편, '시정(市井)의 공론'에 따라 '인

---

37. 국제폭력과 만국공론에 관해서는 장인성, 「근대동북아 국제사회의 공공성과 만국공론」, 『정치사상연구』 제9집(한국정치사상학회, 2003)을 볼 것.
38. 「국권」, 『유길준전서』 IV, 30-39쪽.
39. 「방국의 권리」, 109-111쪽.
40. 공론은 기본적으로 '여론'(opinion)이지만 단순히 다수의견의 집합이 아니라 제 사회의 법제도와 규칙에 기반한 '공공성을 가진 여론'(public opinion), 공적 영역에서 규칙과 공공성하에서 영위되는 공적 의사였다. 실제 공적 영역과 공공성은 독립협회나 협성회 등의 단체, 그리고 만민공동회(독립협회 주최)와 같은 토론회가 출현하는 가운데 그 모습을 드러내기 시작했다.
41. 「정부의 직분」 『유길준전서』 I, 197쪽; 「生涯求方」 『유길준전서』 I, 312쪽.

민의 자주하는 도'가 행해진다.[42] '군민공치'의 공공정치와 민의 '공론'에 부응하는 공론정치가 실현되고 있다는 것이다.[43] 정당도 '국가 정령의 편부(便否)와 득실'과 '인민 경황(景況)의 이해와 선악'을 고려하여 '일당의 공의(公議)'를 이루고, '천하의 여론'으로써 시비를 따지며, '공론'으로써 집권당의 '편당(偏黨)의 국견(局見)'을 허용치 않고 정부의 권력 남용을 견제한다.[44] 이처럼 유길준이 서양사회에서 관찰한 근대적 공공성의 요체는 '규칙'과 '공론'이었다. 규칙은 공론을 규율하는 준거이자 동시에 공론의 제도적 표현이었다. 유길준은 기능부전에 빠진 유교적 공론정치를 대체할 근대적 공론정치와 공공성의 출현을 소망했던 것이리라. 하지만 유길준은 동시에 규칙과 공론으로 규율되지 않는, 강권(권력)이 '공도'(도덕)를 무시하는 권력정치의 국제사회를 간과하지 않았다. 국제사회의 공공성은 공공성의 규범(규칙과 공론)으로써 강권을 제어하려는 소국의 생존 논리로서 제시되었다고 말할 수 있다.

'만국공론'의 준거는 조선의 '야만'을 치유하는 데 기여할 '문명한 나라의 의견', 즉 문명사회의 국제여론인 경우도 있었고, 혹형(酷刑)의 관습에 대해 '수치'를 느끼게 만드는 '인류의 보통〔보편의 뜻—인용자〕권리'나 '인도(人道)의 통의(通義)'로 상정되는 일도 있었다.[45] 일반적으로 국제공론(혹은 국제여론)은 국제현상에 관한 일반적인 견해나 의견의 집합을 의미한다. 그런데 근대한국의 지식인들에게 '만국공론'은 국제 수준의 여론을 넘어 국제사회가 합의하거나 동의한 공통 의사나 준수해야 할 공공 규범으로서 상정되었다. "약한 나라가 강한 나라 틈에서 대접받고 사는 것도 이 경계와 똑같아 남에게 책 잡힐 것이 없으며 내가 내 도리를 하여 세상공론을 지켜갈 것 같으면 아무리 강한 나라가 그 약한 나

42. 「정부의 직분」, 195쪽.
43. 「정부의 종류」, 『유길준전서』 I, 168-169쪽.
44. 「偏黨氣習」 『유길준전서』 I, 300-302쪽.
45. 『독립신문』 1898년 10월 7일 논설 「만국공론」.

라를 뺏고 싶으나 공론에 무서워 못하는 것이라"[46]는 언설에서 보듯이, 만국공론(세상공론)은 국제사회에서 부당한 취급을 받거나 강대국의 위협에 직면한 약소국이 생존을 호소하는 근거였다. 만국공론은 힘이 약한 소국 조선이 국제사회의 부당성(injustice)에 봉착하여 주권을 보전하려 했을 때 상정되거나 상상되고, 국제사회의 권력정치를 비판하고 대국의 폭력적 행위에 대항했을 때 언설화하였다.

만국공론은 제국주의가 동북아 국제관계를 압도하는 상황에서 흔히 만국공법(국제법)과 결부되어 상상되었다. 만국공론은 국제사회의 정치윤리를 초월하는 자연법적 원리일 수도 있고 국제사회(만국)가 합의한 실정법적 표준일 수도 있다. 만국공론을 거론하는 것은 만국공법의 규범과 권력정치 사이의 괴리를 드러내는 행위였다. 만국공법은 주권을 보장하고 국가의 사사로운 행위를 규율함으로써 국제사회의 공공성을 보장하는 자연법적 규범, 국가간 관계를 규율하는 법규범, 만국이 준수해야 할 공적 준거로 간주되고, 또한 위반국을 징벌할 수 있는 법적 근거로 상상되었을 때 원리적 공공성을 제공받는다.[47] 만국공법의 원리적 공공성은 '공'적 성격과 '법'적 성격에서 비롯된다. '공'은 주권 평등에 입각한 공공성이며, '법'은 국가를 통제할 수 있는 규제력과 강제력이다. 만일 대화와 협의와 토론이 가능한 국제사회라면 국제공론이 공공성과 합리성에 기반하여 국가행동을 규율하겠지만, 권력정치의 현실 국제사회에서는 에고이즘과 권력적 공공성이 국제공론을 가장하곤 한다. 국제공론을 거론하는 것은 공공성 자체(원리적 공공성)를 추구하는 행위일 수도 있고, 국익을 추구하는 방편(도구적 공공성)일 수도 있다.

그런데 만국공법의 원리적 공공성은 권력정치가 만국공법의 공적 기능을 제약하고 권력정치를 호도하는 수단으로 이용된다는 사실이 간파

46. 『독립신문』 1898년 3월 5일자 논설.
47. 『易言』「論公法」, 3-4張; 丸山眞男, 『「文明論之概略」を讀む』(下)(岩波書店, 1986), 236-237쪽.

되었을 때 작동할 수 없게 된다. 문명개화론자들은 이를 간파했고 결국 힘의 논리로 나아갔다. 한편 전통론자(위정척사론자)들은 당초에는 만국공법을 거부했지만, 일본의 대국지향적 폭력이 조선의 주권을 압도하는 상황에 들어섰을 때 오히려 권력 비판과 주권 보전의 명분으로서 만국공법을 용인하고 적극 원용하게 된다. 만국공법의 원리적 공공성을 믿었기 때문이 아니다. 국제폭력에 대응하고 주권을 보전하기 위해서였다. 만국공론도 국제사회의 정의와 공공성을 표명하는 것으로 상상되었고, 국제폭력을 비판하고 소국을 보전하는 수단으로 적극 원용되었다.

여기서 만국공법과 만국공론은 도구적 공공성으로서 기능한다. 도구적 공공성은 원리적 공공성을 전제로 하지만 후자를 상상하게 만드는 근거이기도 하다. 만국공법을 표준적 준거로 간주하고 만국공법과 만국공론을 자기 주장의 명분이나 근거로서 동원하는 것 자체가 도구적이라 말할 수 있다. 만국공법과 만국공론은, 의지할 수밖에 없는 표준적 준거로서 호소의 대상이 되었을 때, 정치적 행위를 유발한다. 도구적 공공성은 만국공법과 국제공론을 명분삼아 소국의 주장을 정당화한다. 거문도 점령사건(1885)의 교섭을 담당한 외무독판 김윤식이 만국공법에 비추어 영국의 거문도 점거의 불법성을 비판하고 '동맹' 각국에 성명하고 만국의 '공론'에 호소해야 한다고 주장한 것은 하나의 예다.[48] 도구적 공공성은 만국공법과 만국공론이 일본의 에고이즘과 침략 행태를 비판하는 수단이 되었을 때 보다 선명히 드러났다. 예를 들면, 최익현(崔益鉉)이 명성황후 시해와 단발령 사건과 관련하여 조선의 '의리'를 밝히고 '시비'를 가리는 준거로서 만국공법과 만국공론을 동원했을 때,[49] 그리고 한일보호조약의 강제성과 일본의 침략성을 세계 만국에 '공개'하고 만국공론의 심판에 맡겨야 한다고 주장했을 때[50] 그러했다.

---

48. 『高宗實錄』 高宗 22年4月7日條.
49. 「請討逆復衣制疏」 「宣諭大員命下後陳懷待罪疏」, 『국역 면암집』 제1권(민족문화추진회, 1967).

위정척사론자들도 망국의 위기에 직면했을 때 만국공법과 만국공론의 도구적 사용을 적극적으로 추구하였다. 세계 만국의 구원을 기대하는 심리도 있었다.[51] 세계 만국에 대해 만국공법에 의거한 응징을 요구하는 주장도 제기되었다.[52] 한국의 존재 가치에 세계적인 의미를 부여함으로써 공공성을 확보하려는 경우도 있었다.

> 내정에 간섭해서 남의 나라를 모해하는 말썽을 일으키는 것은 공법을 금지하는 것이 아닙니까. 공법이 만국에 다 통하는데 유독 우리 한국에만 통하지 않는 것은 무엇 때문입니까. 공(公)을 넓히고 약속을 강구하는 것, 이 한 가지 방안을 끝낸다면 우리 한국의 독립은 만국의 독립과 같고, 우리 한국의 교섭은 만국의 교섭과 같습니다.[53]

만국공론에 관한 발화는 비판 행위였다. 그리고 비판의 에토스는 유교적 도덕관념이었다. '신의'는 '정립'의 '동양평화'를 보전할 수 있는 행위 규범이자 일본의 기만성과 침략성을 비판하는 윤리 근거였다. 일본은 남의 분란을 틈타 맹약을 강요하고 새 세력을 이용하여 옛 세력을 이간하고 약속을 어기고 명분 없는 군사를 동원하는, '인 · 의 · 신'을 결여한, 이익만 좇는 국가로 여겨졌다.[54] '대의'와 '신의'를 국제관계의 요체로 보았던 참찬 곽종석(郭鍾錫)은 일본의 침략적 행동을 비판하면서 한국의 예속(禮俗)과 권리를 보전하는 '신의'를 만국에 선포할 것을 요구하는 한편, 한국 국왕에게는 '천하의 공의'(天下之公議)를 귀기울일 것을 호소하였다.[55] 최익현은 동양 삼국이 '정립'의 연대를 통해 러시아

---

50. 「倡義討賊疏」, 『韓末憂國名上疏文集』(서문당, 1985).
51. 다음 언설에서도 찾아볼 수 있다. 『高宗實錄』 高宗 42年11月26日條 侍講院侍讀 朴齊璜 상소문.
52. 李錫庸, 「布告萬國文」, 『韓末憂國名上疏文集』, 203-206쪽.
53. 『高宗實錄』 高宗 42年11月5日條 前參贊 郭鍾錫 상소문.
54. 李南珪, 「왜와의 절교를 청한 상소」, 『국역 수당집』 제1권(민족문화추진회, 1997), 160-162쪽.
55. 『高宗實錄』 高宗 42年11月5日(양력) 前參贊 郭鍾錫 상소문.

에 대응해야 하는데 '동양의 화'를 일으킨 일본은 '괴수의 죄'를 면치 못할 것이라 분개하면서 '신'을 지키고 '의'를 밝힐 것을 일본에 촉구하였다.[56] '신의'의 징표는 만국공법을 준수하고 '국제공의'에 합당한 행동을 하는 것이었다. 일본이 조약과 약속을 어기고 동양평화를 해치는 행위는 '천하'에 '신'을 잃는 것이며 '천하의 공의'에 비춰 비판받을 일이었다.[57]

동북아 국제사회는 근대국가의 규범과 제도가 한·중·일 삼국간 관계를 규율하고, 지리·인종·문명의 요소에 기반한 상호의존과 연대감에서 나오는 지역적 정체성이 투영되면서, 사대교린 체제의 국제사회와는 다른 모습을 보였다. 역내외에서 가해지는 정치군사적 위협과 근대적 권력현상에 대응하면서 규범(제도)과 지역정체성은 형성되어 갔다. 권력은 지역안보와 국가안보를 생각하는 공동의식(연대성)과 공공의식(공공성)을 유발했지만, 규칙과 제도를 압도하면서 긴장과 대립을 초래하였다. 이러한 긴장과 대립은 새로운 질서원리로써 역내 세력관계를 바꾸려는 일본의 공세적(권력지향적) 대외정책, 새로운 질서원리를 받아들이면서 기존의 우세를 견지하려는 청국의 수세적 대외정책, 그리고 러시아의 한반도 진출에서 비롯되었다. 유교관념이나 자유주의적 관점에서 지역 규범을 강조하는 주장들도 간헐적으로 제기되었지만, 국가중심의 공공생활과 국가의 발전과 민족의 생존을 우선시하는 민족주의는 동북아 공간의 분열 내지 공간의 비공공화를 초래하였다.

동북아 국제사회에서 도덕과 규범은 일본의 지역 패권화에 의해 작동할 수 없었다. 일본의 제국화는 권력과 도덕의 결탁을 초래하였다. 일본적 가치로 분식된 권력 팽창은 제국, 그리고 '공영권'의 뒤틀린 제국공간을 조출(造出)하였다. 이 과정은 근대한국의 지식인들이 상상했던 '정

56. 「寄日本政府」, 『국역 면암집』 제2권(민족문화추진회, 1967), 223-231쪽.
57. 「日本의 對韓政策」, 『大韓每日申報』 1905년 10월 7일자 논설.

립'의 파탄과 '공론'의 소멸을 의미한다. '정립'의 파탄은 도덕과 규범을 가지고 권력의 세계를 규율하려는 국제관념의 종언을 뜻한다. '공론'의 소멸은 만국공론이 원리적 공공성이나 도구적 공공성으로 기능할 것이라는 희망의 종언을 의미한다. 국제정치적 관점에서 본다면, 제국공간은 권력이 도덕을 규율하거나 도덕이 권력에 봉사하는 세계이며, 지역제국의 비자유주의적 공공성이 만국공론을 압도하는 세계였다.

4. '동양주의'와 '국가주의', '공리'와 '공덕'

전쟁은 도덕과 권력에 대한 감각을 예민하게 만든다. 평화주의와 권력주의는 전쟁을 상정했을 때 그 의미를 극대화한다. 근대 한국인의 국제적 삶과 국제관념에서 청일전쟁과 러일전쟁은 중요한 의미를 갖는다. 청일전쟁은 동북아 내부의 중심의 변화, 즉 청국에서 일본으로의 권력이동을 초래했고, 유교문명에서 근대문명으로의 문명이동을 부추겼다. 일본이 '문명' 대 '야만'의 투쟁으로 규정한 청일전쟁을 승리로 이끌면서 근대한국에서 근대문명관은 급속히 확산되었다. 동북아 내부의 권력이동과 문명이동은 중화제국의 해체를 서둘렀고, 국민국가를 강화하거나 형성하려는 의지를 부채질했다. 청국에서는 국민국가의 형성을 꾀하는 변법운동이 일어났고, 조선에서는 대한제국의 성립과 광무개혁이 시도되었다. 청일전쟁은 동북아 공간에서 국민국가와 내셔널리즘을 지향하는 동인이 되었다.

그러나 삼국간섭 이후 러일간 세력경쟁이 본격화되고, 러시아가 한반도에 적극 개입하면서, 또한 서구열강들이 경제적 이권을 확보하는 상황이 전개되면서, 근대한국의 지식인들은 서양세력, 특히 러시아에 공동 대항하기 위한 동북아 삼국의 연대협력, 즉 '동양연대'의 필요성을 적극 주장하였다. 동양연대론은 『독립신문』과 『황성신문』, 특히 후자의 사설에 빈번히 등장하였다. 앞에서 말한 '정립' '정족'의 논리는 동양연대의 존재방식에 다름 아니었다. 동양연대의 발상은 청일전쟁이 가져온 국민국가와 국가주의의 지향성과는 달리 동북아 연대협력을 지향하는 '동양주의'의 움직임을 배태하였다. 그리고 백인종과 황인종 간의 인종전쟁으로 이해된 러일전쟁은 '동양주의'의 분위기를 더욱 고조시켰다.

동양연대론은 유교 도덕과 공법 규범을 통해 '동양'(동북아)의 안정과 조선의 자주독립을 보전하려는 주장이었다. 동북아적 보편성을 구성하는 지리적 근접, 인종적 유사성, 문명적 동질성은 연대의 구성요소를 구성하는 동시에, 연대를 위한 동북아적 규범과 도덕을 상상하는 근거였다. 그러나 한·중·일 간에 힘의 격차가 현저해지고 유교문명관(유교정치관)과 정치현실 간의 괴리가 분명해지면서, 동양 삼국이 공유해야 한다고 상정된 규범과 도덕은 현실과의 거리를 드러낼 수밖에 없었다. 동양주의는 러일전쟁의 발발을 계기로 널리 확산되었지만, 일본이 곧바로 한반도에 대한 욕망을 드러내면서 의미를 상실할 수밖에 없었다.

여기서 사회진화론은 근대문명관에 입각하여 국가와 민족의 생존을 보장하는 새로운 감각과 논리를 제공하였다. 흔히 국제관계를 사회진화론적 관점에서 파악했던 지식인들, 특히 문명개화론자(훗날 입헌개혁론자)들은 사회진화론을 수용하면서 권력 지향의 국가주의로 나아갔다. 그들은 강대국이 약소국을 파멸시키는 것에 대해 어떠한 도덕적 또는 윤리적 책임을 기대하지 않았고, 국가나 민족에게 인류애를 근거로 하는 도덕적 호소를 요구하지 않았다. 국가나 민족은 자연도태의 자연법칙에 순종해야 하는 수동적 존재로 보았고 승리를 위한 힘의 확장만이 국가와 민족을 위한 선이라고 이해하였다. 국가 간의 도덕과 윤리는 국가의 생존을 위한 기회를 강화하고 보장할 수 있는 능력의 정도에 따라 평가된다고 보았다.[58] 국권 상실의 위기에 직면한 한국의 상황과, 생존경쟁과 우승열패의 원리에 기반한 제국주의 국제정치의 상황 속에서

58. 전복희, 『사회진화론과 국가사상: 구한말을 중심으로』(한울아카데미, 1996), 146쪽.

권력정치적 세계관과 사회진화론의 수용은 국가와 사회 관념을 강화시켰다.

개신유학자들도 '우승열패'와 '약육강식'의 논리를 받아들이면서 '국가'나 '민족'의 가치를 보다 진지하게 생각하였다. 박은식은 영국은 말할 나위 없고 "덕의(德義)를 숭상한다고 일컫는" 미국까지도 필리핀을 식민지로 만들어 버린, 대국들이 입으로는 '보살'(菩薩)처럼 말하면서 실제로는 '야차'(夜叉) 같은 행동을 하는[59] 제국주의 상황을 직시하면서 '국가'의 가치를 높이게 된다. 여기서 국가와 사회의 존재를 민족과 '도'와 윤리에 선행시키는 정치적 사유가 생겨난다. 다만 이들은 문명개화론자들과 달리 유교관념과 사회진화론의 결합을 시도하였다. 그것은 유교적 '도'와 근대적 '국가'의 결합을 통해 권력정치적 국제현실에 대응하려는 것이었다. 박은식은 옌푸(嚴復)의 영향을 받아 사회진화론을 받아들이고 '우승열패'와 '약육강식'을 각각 '천연'(天演)과 '공례'(公例)로 규정하면서도, 유교의 '인의 도덕'과 사회진화론의 '천연 공례'를 결부시키는 모습을 보였다.

> 서양학자〔西儒〕의 말에 이르기를 생존경쟁은 천연의 이치〔天演之理〕요, 우승열패는 공례의 일〔公例之事〕이라 하니, 이 말이 어찌 인의·도덕의 설〔仁義道德之說〕에 위배되지 않겠는가. 비록 그러할지나 인의·도덕이란 것도 총명지혜와 강건하고 용감한 자〔剛毅勇邁者〕는 모두 이를 가진 바요, 우매하고 유약한 자〔愚昧懦弱者〕는 지금껏 이를 가질 수 없었는데, 하물며 경쟁의 권력이 어찌 나은 자〔優者〕가 이기고 못하는 자〔劣者〕가 지지 아니 하겠는가.[60]

박은식은 국가를 사회 내부의 요구보다는 제국주의 상황에 대응하기 위해 요구한다. 그리고 밖에 대응하기 위해 안의 통합을 꾀하는 가족국가관을 표명한다. 박은식은 국가는 개인들의 '일대 가족'(一大家族), 3천

59. 「自强能否의 問答」, 『朴殷植全書』(下)(단국대학교출판부, 1975), 68쪽.
60. 「教育이 不興이면 生存을 不得」, 『朴殷植全書』(下), 86쪽.

리 강토는 '우리 가족의 유택'〔吾家族之攸宅〕, 4천년 문물은 '우리 가족의 세전'〔吾家族之世傳〕이라는 비유를 동원하면서 '가족의 정신'과 '단체'를 강조하였다. 국가 존망의 관건은 '단체'와 '단합'에서 찾아졌다. '단합'은 '윤리의 정제(整齊)', '사업의 성취', '국가의 유지', '인군(人群)의 생존'을 위해 불가결한 요소로 간주되었다.

국가통합을 꾀하려면 사회질서가 성립되어야만 한다. 박은식은 국가와 사회질서의 윤리로서 '공덕'(公德)과 '공리'(公利)의 개념을 제시한다. '공덕'과 '공리'는 국가와 사회를 보전해 주고 자신과 가정의 '복락'(福樂)을 가져다주는 '천리(天理)의 본연'이며 '인도(人道)의 당연(當然)'이다. '공덕'은 '사덕'(私德)보다도 '광대'(廣大)하고, '공리'는 '사리'보다도 '장원'(長遠)하다. 생존경쟁이 치열한 오늘날에 국가와 사회를 보전하지 못한다면 개인은 생존할 수 없다.[61] 박은식이 제시한 '공덕' '공리' 개념은 유교의 '공' 관념이 근대정치 이념과 근대국가와 결부된 것이었다. 이 사실은 사회진화론을 수용한 박은식의 세계인식이 '도'의 약화를 의미하지는 않았음을 보여준다.

박은식은 "국가가 존재하지 않으면 민족은 반드시 멸망한다"[62]고 하여 국가를 중시하는 정치관을 보였다. 그러나 동시에 "우리 몸의 생존을 꾀하고자 한다면 우리 나라를 사랑하고, 오도(吾道)의 유지를 꾀하고자 한다면 우리 나라를 사랑해야 한다"[63]는 언설에서 알 수 있듯이 국가를 중시한다고 해서 유교를 경시하지는 않았다. 권력의 추구는 유교의 보전을 전제로 하거나 도덕의 보전을 의도한 것이었다. 오히려 박은식은 반드시 '유교의 도'가 권력을 속성으로 하는 서양문명을 압도할 때가 도래할 것을 확신하였다. 그는 역설한다. "무릇 과거의 19세기와 현재의 20세기는 서양문명이 크게 발달한 시기이고, 장래의 21, 22세기

61. 「賀利原遮湖父老」, 『朴殷植全書』(下), 51쪽.
62. 「舊習改良論」, 『朴殷植全書』(下), 9-10쪽.
63. 「賀吾同門諸友」, 『朴殷植全書』(下), 32쪽.

는 동양문명이 크게 발달할 시기이니, 우리 공자의 도가 어찌 마침내 땅에 떨어지겠는가. 장차 전세계에 그 광휘를 크게 빛낼 시기가 있을지니, 아아 우리 한국의 유림들이여. 눈을 부릅뜨고서 관찰하고 몸을 떨쳐서 담착(擔着)할지어다."[64] 도덕과 권력의 결합은 한국이 국제적 폭력에 노출된 상황에서 도덕을 보전하기 위한 전략에서 나왔다. 국가의 생존을 통해 도덕을 보전하려는 의식은 도덕의 결집을 통해 국가방어를 꾀하려던 지난날의 위정척사론자들과는 방법적 수순은 달랐지만 도덕(유교)의 보전을 지향한다는 점에서는 비슷하였다.

그러나 한편, 국가와 도덕, 권력과 도덕을 분리함으로써 권력정치적 제국주의와 규범적 동양주의에 대응하여 적극적으로 민족국가의 생존을 모색하는 정치적 사유도 출현하였다. 신채호(申采浩)는 유교도덕과 공법규범에 기반한 동아시아적 보편성의 허구를 비판하고 '민족'과 '국가'의 생존을 최고의 가치로 삼는 국가주의를 내세웠다. 신채호는 '동종' 의식을 표명하고 동아시아와 한국의 안보적 상관성을 인정하면서도 '동양주의'의 '마설'(魔說)에 사로잡혀 '동양에 있는 적국', '원수의 종족'을 '우리 나라', '우리 종족'으로 동일시하는 경향을 비판하면서, 국가경쟁 시대에 '동양주의'를 '국가주의'로 대체할 것을 주장하였다. 여기에서 "국가는 주인이요 동양주의는 손님"이라는 역설이 성립한다. "동주(同洲)·동문(同文)·동색(同色)의 인종이라도 덕의(德義)를 돌아보지 않고 잔인한 짓을 멋대로 하는" 경쟁시대는 '동문동종'의 신화를 내걸고 연대를 모색하는 인종적 정체성보다는 민족과 국가의 자립적 생존을 모색하는 민족적 정체성을 요구하고 있었다.

64. 「儒敎求新論」, 『朴殷植全書』(下), 48쪽.

VI. 제국공간의 도덕과 권력

근대 한국인의 국제관념은 '도리'에 대한 신념에 의해 지탱되었다. '오륜'과 '도리'를 핵심으로 삼는 유교도덕은 정치적 상황에 따라 존재 형태를 바꿔가면서 여전히 정치를 규율하였고 정치적 에토스의 중핵을 이루었다. 주체의 성격에 따라 '도리'의 내용이나 추구하는 방식은 달랐지만 이 신념은 국권을 상실하거나 그럴 위기에 처한 상황에서도 견지되었다. 위정척사론자들은 유교적 도의관을 정치현실을 해석하는 데 강하게 투사시켰고, 동도서기론자들은 현실세계에 얼마간 적응해 가면서도 '도리'의 우월성에 대한 신념을 버리지 않았다. 유학개신론자들은 유교의 혁신을 통해 현실 적응력을 높이고 '도리'의 본원적 모습을 재구축하려 했다. 동도서기론자들과 유교개신론자들은 현실세계와 근대세계에 대한 새로운 균형을 모색하는 정치관을 영위하였다. 이러한 차이들은 유교적 세계관과 정치현실의 관계에 대한 생각의 다름에서 비롯한다.

도덕적 정치관은 낙관주의적 성격을 강하게 지닌다. 유교적 심성이 강한 인간은 도덕이 세상을 움직이는 궁극적 힘이라 믿는다. 그들은 도덕적 윤리와 규범은 변할 수 없고 가변적인 정치세계를 규율한다고 믿는다. 전통적 윤리도덕관이 강했던 시절의 개화기 지식인들이 보았을 때, 권력과 폭력이 횡행하는 현실이라 해도, 도덕이나 윤리, 규범의 중요성은 부정될 수 없는 것이다. 오히려 폭력이 일상화된 권력정치에 대한 반감은 유교문명의 우월성에 대한 신념을 부채질했다. 박규수나 김윤식은 '서세동점'(西勢東漸)의 권력현상을 보면서 '동도서점'(東道西漸), 즉 유학의 서양 진출〔西被〕을 상상하였다. 박은식은 21세기에는 동양문명의 시대가 재래할 것이라 믿었다. 유인석도 문명이 "서로부터 동으로 가는 것이 아니라, 실로 동으로부터 서로 갈 것"이라 주장하면서, '윤리 도덕'과 '예악 법도'의 대외 확충을 통해 유교문명으로 통합되는 '대일통'(大一統)의 세계가 도래할 것을 꿈꾸었다.[1] 국제정치의 영역에까지 투사된 유교적 낙관주의는 국제사회에서 권력에 대한 도덕의 우위를 믿는 국제관념을 생성했던 것이다.

이러한 유학의 도덕주의적 사유는 근대의 폭력성에 대한 비판적 안목과 사회 · 국가의 존재방식에 관한 나름대로의 성찰을 제공하였다. 권력정치의 현실을 용인하고 권력에 타협적인 자세를 보였던 문명개화론자들과는 달리, 유학자들은 권력정치를 비판하고 권력에 비타협적인 태도가 강했다. 유교에 기반한 도덕주의 정치관이 현재와 미래의 정치적 삶에 대해 낙관주의적 심성을 제공했기 때문일 것이다. 국제권력에 대한 유학자들의 저항은 권력에 대한 부정적 인식뿐 아니라 권력 현실을 극복할 수 있다는 낙관주의에 의해 지탱된 측면도 있다. 그렇지만 한편, 도덕적 낙관주의는 정치현실을 객관적으로 파악하고 권력을 토대로 현실의 비상사태를 극복하는 데 한계를 보였음도 부정하기 어렵다. 근대의 수용—근대국가 관념과 근대적 가치의 수용, 근대적 개혁—을 방해하거나 둔화시키는 측면도 강했다. "나라는 망해도 도가 있으면 나라는 망하지 않는 것이 된다. 나라가 있어도 도가 없다면 나라는 없는 것과

1. 『우주문답』, 114쪽.

마찬가지다"라는 도덕 중시의 정치관에서는 근대적 세계에 부응하는 개혁을 기대하기란 쉽지 않을 것이다.

유교적 도덕주의에 기반한 국제권력에 대한 비판과 저항은 어떤 면에서는 도덕과 권력 간에, 보다 정확히 말하자면 도덕적 이상과 권력 현실 간에 균형이 유지되었기에 가능했을지도 모른다. 그 균형은 비대칭적 균형이다. 여기서 '비대칭적'이라 부르는 까닭은, 요즘 권력의 관점에서 말하는 '비대칭적 동맹'의 그것과는 달리, 그 균형이 주권국가체제에 부응하는 힘을 갖지 못한 상태에서 필연적으로 기우뚱거릴 수밖에 없는 '이상'과 '현실'이라는 무게 단자에 의해 성립되기 때문이다.

이 비대칭적 균형은 그나마 국가주권이 불완전하나마, 미약하나마 존재했기 때문에 가능했다. 국가주권을 상실하는 '국망'의 콘텍스트에 들어섰을 때, 비대칭성은 붕괴되고 만다. 유교적 낙관주의에 기반한 도덕주의는 권력에 대한 비판과 저항의 의미를 현저히 약화시키면서 정치현실에서 형해화되고 말 것이기 때문이다. 여기서는 권력 지상주의가 활개를 치게 된다. 앞서 신채호는 도덕과 권력의 분리 가능성을, '국가'의 존재가치를 절실히 소망하는, 도덕과 윤리가 정치영역에서 무력할 수밖에 없는, 국망의 콘텍스트에서 제시한 것이었다. 그에게서 도덕과 권력의 분리가 반드시 도덕의 폐기를 의미한 것은 아니었지만, 국망과 식민지의 콘텍스트에서는 도덕과 권력의 분리를 넘어 도덕을 극단적으로 비판하거나 부정하는 권력주의적 사유가 자연스럽게 분출하였다.

여기에는 유럽 열강 간에 벌어진 극단적인 제국주의 전쟁(제1차 세계대전)이 국가와 민족의 생존을 좌우하는 상황이 고려되었다. 그리고 사회진화론적 권력관은 국망과 식민지의 상황에서 강고함을 더했다. 이광수는 유럽전쟁을 통해 권력을 생존투쟁의 절대조건으로 제시하는 정치적 사유를 강하게 드러냈다.

방금 흥하려하는 민족이 전쟁을 좋아하고 살벌(殺伐)을 좋아하고 완력을

> 귀히 여김은 가장 합리한 일이며, 목마른 듯이 지(知)를 구함이 그 다음이요, 재(財)를 구함이 그 다음이니라. 이것을 역사상으로 보건댄, 인류문명의 최초 계단은 전쟁과 약탈과 이기심이라.
>
> 청년이 자비(自卑)하여 나는 권력도 불요(不要), 재산도 불요, 각망(各望)도 사업도 불요, 안빈낙도하는 소위 군자로 자기(自期)하면 이는 사(死)청년이라. 활(活)청년은 여하하뇨…활청년은 진공(進攻)적이요, 적극적이요, 전제적이요, 권력적이요, 정력적이니라…'살아라'. 삶이 동물의 유일한 목적이니 이 목적을 이루기 위하여는 도덕도 없고 시비도 없나니라. 기아(飢餓)하여 사(死)에 처하거든 타인의 것을 약탈함이 어찌 악이리오. 자기가 죽음으로는 차라리 타인이 죽음이 정당하니라. 살기 위한 분투는 인류의 가장 신성한 직무니라.[2]

민족이 흥성하려면 전쟁을 좋아하고 살벌을 좋아하고 완력을 중시해야 한다. 민족의 생존은 '안빈낙도'하는 '군자', 즉 '죽은 청년'〔死青年〕에 불과한 도덕적 인간보다는 진취적이고 적극적인, 권력을 추구하는 '살아있는 청년'〔活青年〕에 의해 담보된다. 생존투쟁은 인간의 가장 신성한 직무로 간주된다. 이광수는 더 말한다. 도덕 예의는 개인이나 민족이 '청년원기 시대'를 거쳐 노년기에 들어 생기는 것이며, 도덕 예의만을 숭상하면 열패(劣敗)와 멸망에 빠지게 된다. 도덕보다 생존이 중요하며, 도덕 예의는 강한 체질을 가진 뒤에나 유용하다는 것이다. "도덕은 강자에게 복종하는 약자의 의무"로 간주되었다.[3]

이광수의 권력관은 폭력과 전쟁이 국가와 민족의 생존을 압도하는, 국망과 세계대전의 콘텍스트 속에서, 사회진화론적 권력론이 극단적으로 도덕을 부정하고 권력을 숭상하는 데까지 고조되었음을 보여준다. 여기서는 **도덕과 권력의 분리가 아니라 양자의 결별**이 의도되었다. 지난날 개신유학자들이 유교이념과 사회진화론의 결합을 통해 보여주었던, 도덕과 권력의 결합 가능성은 이제 붕괴되고 있는 것이다. 도덕과

---

2. 이광수, 「爲先 獸가 되고 然後에 人이 되라」, 『이광수전집』 제10권(삼중당, 1971), 243-244쪽. 일부 현대어법으로 고침.
3. 이광수, 「爲先 獸가 되고 然後에 人이 되라」, 243쪽.

권력의 결별이 의도되었을 때, 전쟁을 도덕에 규율하려는, 이념적 평화론을 지탱하던 유교적 사유는 퇴조할 수밖에 없다. 실제 이광수는 도덕과 권력의 결별을 꾀하고자 유교를 강하게 비판하였다. 이러한 맥락에서 무력으로써 전쟁에 대비하고 민족의 생존을 보전해야 한다는 무장평화론이 제시된다. 1910년대는 무장평화론이 성행하던 때였다.[4]

다만 도덕과 권력의 결별이 완벽하지는 않았다. 근대주의자들이 양자의 결별을 몽상하는 것만큼, 다른 한편 정치적 사유를 규율했던 유교적 도덕주의는 국망에도 불구하고 폭력을 비판하는 자기존재의 근거일 수 있었기 때문이다. 국망의 상황에서도 국가의 부활을 꿈꿀 때, 세계전쟁의 참상을 보면서 세계평화를 몽상할 때, 유교의 도덕적 낙관주의는 상상력과 희망의 근거로서 생명처럼 살아남을 것이기 때문이다. 국가를 상실한 상황에서, 권력을 갖지 못하는 상황에서, 도덕은 권력 비판과 자기 존재를 위한 근거로서 기능할 수 있었다. 여기서 "나라는 망해도 도가 있으면 나라는 망하지 않는 것이 된다. 나라가 있어도 도가 없다면 나라는 없는 것과 마찬가지다"는 언설이 현출한다. 그리고 콘텍스트가 바뀌었을 때, 혹은 그럴 가능성이 있다고 믿었을 때, 도덕적 낙관주의는 소생한다.

> 아아, 신천지가 안전(眼前)에 전개되도다. 위력(威力)의 시대가 거(去)하고 도의의 시대가 내(來)하도다. 과거 전세기(全世紀)에 연마장양(鍊磨長養)된 인도적 정신이 바야흐로 신문명의 서광을 인류의 역사에 투사하기 시(始)하도다. 신춘이 세계에 내(來)하야 만물의 회소(回蘇)를 최촉(催促)하는도다…아(我)의 고유한 자유권을 호전(護全)하야 생왕(生旺)의 낙(樂)을 포향(飽享)할 것이며, 아의 자족한 독창력을 발휘하야 춘만(春滿)한 대계(大界)에 민족적 정화(精華)를 결뉴(結紐)할지로다.[5]

---

4. 무장평화론은 당시 일본 지식인들의 일반적인 평화론이었다. 이에 관해서는 石田雄, 『日本の政治と言葉』을 볼 것.
5. 「기미독립선언서」.

1918년 제1차 세계대전이 종결된 뒤 침략주의와 군국주의에 대한 국제사회의 비판이 고조되고 민족자결과 세계평화의 새로운 콘텍스트('신천지')의 출현 가능성에 대한 희망과 믿음이 소생했을 때, 도덕의 의미는 되살아난다. '위력의 시대'는 가고 '도의의 시대'가 도래할 것이라는 소망은, 민족의 '고유한 자유권'을 보전함으로써 '생왕의 낙'을 향유하고 민족의 '자족한 독창력'을 발휘하여 '민족적 정화'를 세계에 밝히려는 민족자결의 의지와 결부되어 있다. 도덕은 위력을 대체할 생명의 근원으로서 부활한다.

식민지 한국의 지식인들은 제1차 세계대전을 독일, 프랑스, 러시아의 군국주의적 제국주의가 물질적 욕망을 좇아 충돌한 것이며, 여기에 미국과 영국이 정의, 인도의 도덕적 동기를 갖고 참전한, 악마 대 도덕적 양심의 전투로 보았다. 세계대전에서 연합국의 승리는 인류의 도덕적 양심의 각성으로 이해되었다. 정의, 인도, 평등, 자유의 원칙을 중시하는 '강약공존' '병건상보'(病健相保)의 국제사회가 될 것이며 민족적 가치판단의 표준이 도덕적 힘이 된다고 보는 관점이 부상하였다.[6]

'도의'의 이러한 부활은 민족자결의 원칙과 세계평화의 이상을 정당한 것으로서 모색하는 콘텍스트의 출현에서 비롯된다. 하지만 이에 못지않게 이광수가 그렇게 바랐던 도덕과 권력의 결별을 쉽게 허용하지 않는 장소적 특질도 '도의'의 부활을 방조했다고 말할 수 있다. 제국공간이 식민지 지식인들의 의식을 규율하기 이전의 식민지 공간에서, 달리 말하면 제국적 심성이 한국인들의 정치관을 규정하기 이전의 맥락에서, 도덕은 권력을 비판하거나 규제하는 여전한 근거일 수 있었다.

그런데 일본의 식민지 지배와 제국주의적 팽창으로 인해 제국공간이 농밀해지고 제국적 심성이 강화되면서 '도의'는 '권력'과 밀접히 결부

6. 필자 미상, 「세계를 알라」, 『개벽』 1호, 1920년 6월; 「구주대전 이후의 민족적 이상의 진화」, 『개벽』 33호, 1923년 3월.

되면서 동아시아 국제관계를 규율하는 이데올로기적 기능을 수행하게 된다. 제국공간에서는 도덕과 권력은 국제관계를 규정하는 '왕도-패도'의 개념틀로서 표출되었다. 서세동점의 상황에서는 '유도-무도'의 이항 개념이 개국과 쇄국의 정당성을 둘러싼 준거로서 동원되었는데, 이제 일본제국주의가 추동하는 제국공간에서는 유교 정치윤리의 준거였던 '왕도-패도'가 세계정치의 국제관계를 규율하는 개념장치로서 적극 동원되었다. 동양(동아)을 '왕도'로, 서양(영미)을 '패도'로 규정하는 '왕도-패도'의 이항 개념은 세계정치의 이원화에 기반한 반(反)서양 이데올로기를 담지한 것이었지만, 궁극적으로는 '동아'를 제국공간에 포섭하려는 일본의 제국주의 권력의지에서 비롯된 것이었다.

이러한 점은 이미 1924년 쑨원(孫文)이 '왕도-패도' 개념을 동양-서양의 관계와 결부시켰을 때 인지되고 있었다. 쑨원은 유럽문화를 과학의 문화, 공리(功利)를 중시하는 문화, 무력을 써서 사람을 압박하는 '패도의 문화'로 간주하면서, 패도는 공리와 강권을 주장하며, 공리와 강권은 총과 대포로써 사람을 압박한다고 주장하였다. 반면 동양문화는 인의와 도덕으로써 사람을 감화시키는 '왕도의 문화'로 보았고, 왕도는 인의와 도덕을 주장하며, 인의와 도덕은 정의와 공리(公理)로써 사람을 감화시킨다고 역설하였다.[7] 이러한 쑨원의 왕패(王覇)론은 서양문명 비판을 의도한 듯 하지만, 진정한 의도는 일본제국주의를 비판하는 데 있었다. 즉 동양이 '왕도의 문화'인데, 동양의 맹주로서 동양을 이끌어 가야 할 일본이 제국주의적 '패도'를 행사하는 것에 대한 비판이었다.

제국공간은 도덕과 권력 관념의 존재양태에 새로운 양상을 부여하였다. 제국공간은 제국주의의 동력에 의해 '왕도'와 '패도'를 결합시켰다. '패도'만으로 제국공간이 확장될 수 없는 한계에 도달했을 때, 일본은

7. 쑨원, 「대아시아주의」(1924), 최원식 · 백영서 엮음, 『동아시아인의 '동양' 인식: 19-20세기』(문학과지성사, 1997), 172-174쪽.

제국화를 정당화하는 이데올로기를 필요로 했고, 여기서 도덕과 권력의 적극적인 결합이 모색되었다. 제국주의자 도쿠토미 소호(德富蘇峰)가 말한 '왕도적 제국주의'였다. '도의'의 우월성을 믿었던 젊은날의 평민주의자 도쿠토미 소호는 청일전쟁을 계기로 '힘의 복음'에 귀의하면서 '무력한 도리(道理)'보다 '유력한 무도리(無道理)'를, 도리보다 실력을 우선시하는 사상 전향을 보였는데,[8] '유력한 무도리'가 이제 제국공간의 팽창, 즉 동아 제국화—'동아신질서 건설'과 '대동아공영권 건설'—의 맥락에서 '도리'의 힘을 빌지 않을 수 없게 된 것이다. '유력한 무도리'를 위해 이제 '도리'는 이데올로기적 분장(扮裝)을 통해 '유력한 도리'로서 기능하도록 요청되었다. '도리'를 '유력한 것'으로 만든 것은 말할 나위 없이 '유력한 무도리'였다.

실제 1930년대, 40년대 일본제국은 만주와 '화북'으로 진출하고 '동아' '남양'에까지 확장하는 과정에서 '왕도'를 제국공간을 규율하는 정치원리로서 동원하였다. 만주국 건설은 '왕도낙토'(王道樂土)의 구현을 표방하였다. '동아신질서'와 '대동아공영권'의 건설은 '도의'에 기반한다는 점이 반복해서 강조되었다. '대동아전쟁'의 수행 과정에서 모색된 중국과의 전쟁협력은 "대동아에서 도의에 기초한 신질서를 건설하고 나아가 세계 전반의 공정한 신질서의 초래에 공헌할 것"을 표방하였다.[9] 타이, 미얀마, 필리핀 등과의 동맹도 "도의에 기초한 대동아를 건설하여 세계 전반의 평화에 공헌한다"는 명분을 내걸었다. 이처럼 '왕도'는 '신질서 건설'의 이데올로기로서 동원되었다. '왕도'의 이념적 동원은 '영미 제국주의'를 '패도'로 규정하는 것과 짝을 이루었다. 서구열강을 '패도'로 규정함으로써 일본제국의 동아시아에 대한 '패도'적 행

---

8. 德富蘇峰, 『時務一家言』(1913), 神島二郎 編, 『德富蘇峰集』(筑摩書房, 1978), 569쪽에서 재인용.
9. 「戰爭完遂協力に關する日華共同宣言」(1943년 1월 9일), 日本外務省 編, 『日本外交年表竝主要文書』(下)(原書房, 1965).

동을 '왕도' '도의'로서 정당화하는 것이 가능했다.

일본 제국주의는 중국을 비롯한 동아시아 민족들의 민족주의적 저항에 봉착하는 과정에서 패도적 성격을 노출하였다. 이데올로기적 정당화에도 불구하고 자국 이익을 우선하는 일본의 '유력한 무도리'는 간파될 수밖에 없었다. 그럼에도 불구하고 식민지 한국의 지식인들은 총력전체제가 창출한 제국의 이데올로기와 세계관에 몰입되어 갔다. 중일전쟁 이후 생성된 총력전체제는 식민지 지식인들로 하여금 일본제국이 창출한 국제관념을 자기 존재의 근거로 삼도록 하는 에토스를 성립시켰던 것이다. '대동아' 대 '서양', '왕도' 대 '패도', '동아신질서'와 '대동아공영'의 국제관념은 고스란히 식민지 지식인들의 심성에 투영되었다. 그들은 "동양은 도의의 문명이오 서양은 물질과 기능(技能)에 지배된 소위 물질문명"으로 보는 이분법적 세계관을 내면화하면서 전시 공동체에 내장된 '패도'에 침묵하거나 제국의 '왕도' 이념에 동조하는 에토스를 보였다. "우리 나라[일본제국]는 도의의 나라입니다. 금차의 성전이 일어나기까지의 경과를 생각해 보아도 알 것입니다. 우리 나라는 어디까지든지 평화리에 해결하려고 그야말로 눈물겨울만치 인내에 인내를 거듭하여 노력을 거듭했었습니다. 그러나 물욕에 눈이 현혹되어 도의를 아지 못하는 그들에게 어찌 우리의 성의가 통하겠습니까"[10]라는 언설에서 보듯이, 총력전체제 속의 식민지 지식인들은 일본제국에 조선을 일체화하는 제국 정체성(imperial identity)을 영위하였고, 제국공간에서 양육된, 제국 정체성에 기반한, 제국의 '도의'와 '성의'에 대한 믿음은 '성전'(聖戰)에 자신들의 심정을 투사시키는 에토스를 산출하였다.

여기서 '대동아전쟁'은 "동양인 전부를 저 앵글로 색손 인종의 침해로부터 구하려 하는 거룩한 전쟁", 즉 '성전'으로서 '도의의 싸움'이자 "정의(正義) 일본의 나아갈 길"로서 규정된다. 그리고 영미의 '패도'에

10. 金活蘭, 「女性의 武裝」, 『대동아』 제14권 제3호(1942), 95쪽.

대한 분개심과 일본제국의 '도의'에 대한 신념은 제국 신민들의 전투적 정신을 고양시켰다. '성전'을 수행하고자 하는 전투의 파토스는 제국과의 일체감(정체성)을 높이면서 정책결정자나 군인뿐 아니라 식민지 여성까지도 "총후(銃後)에 있어서의 전사라 하는 기분"을 느끼게 만들 정도였다.[11] 제국공간과 총력전체제는 '도의'의 존재방식을 급속히 변경시켰고, '도의'는 총력전을 지탱하는 근거로서 작용하였다.

일본제국은 '정의'를 추구하고 실천하는 '왕도의 제국'으로 상상되었지만, 실제로는 도덕적 이념과 가치, 그리고 정의의 심리가 일본의 사사로운 정치적 의도를 분칠하는 '패도의 제국'이었다. 도덕(왕도)의 강력한 지원을 받아 상상된 제국공간에서는 권력(패도)을 객관적으로 포착하거나 비판할 수 있는 윤리적 감각은 둔화될 수밖에 없다. 여기서 제국주의적 '왕화'(덕화)의 사명감은 '정의'와 '성전'의 미명하에 분연히 일어나 지적 이성을 마비시키고, 심정윤리는 책임윤리를 압도하게 된다. 총력전체제를 살아야 했던 식민지 지식인들의 국제관념은 '왕도'로 분식(扮飾)된 '패도'를 추구한 일본제국의 정책과 이념에 의해 창출된 제국공간의 성질에 맞추어 주조되었다. 일본제국이 형성한 제국공간과 식민지 지식인들의 제국적 심성은 서로 얽혀 있었다.

---

11. 김활란, 「여성의 무장」, 『대동아』 제14권 제3호(1942), 95-96쪽.

참고문헌

『論語集注』.
『孟子集注』.
『承政院日記』.
『高宗實錄』.
『龍湖閒錄』 제4권(국사편찬위원회, 1980).
『修信使記錄』(국사편찬위원회, 1958).
『明南樓全集』(여강출판사, 1990).
『華西集』.
『重菴集』.
『국역 면암집』(민족문화추진회, 1967).
『국역 수당집』(민족문화추진회, 1997).
『朴珪壽全集』(아세아문화사, 1978).
『金玉均全集』(아세아문화사, 1979).
『金允植全集』(아세아문화사, 1980).
『雲養續集』.
『日本外交文書』 第13卷.
『유길준전서』 전5권(일조각, 1971).
『申采浩全集(改訂版)』 전3권(형설출판사, 1975).
『朴殷植全書』 전3권(단국대학교출판부, 1975).

『문일평전집』(민속원, 1985).
『韓國開化期學術誌』 전24권, 아세아문화사.
『한성순보』 『한성주보』(국역 『한성순보 한성주보』, 신영연구기금, 1983).
『황성신문』.
『독립신문』.
『제국신문』.
『大韓每日申報』.
『개벽』.
『이광수전집』 제10권(삼중당, 1971).
『대동아』.
송병기 편역, 『개방과 예속: 대미수교관련 수신사기록(1880)초』(단국대학교출판부, 2000).
『韓末憂國名上疏文集』(서문당, 1985).
『근대한국명논설집』(『신동아』 1966년 1월호 부록, 동아일보사, 1966).
『속 근대한국명논설집』(『신동아』 1967년 1월호 부록, 동아일보사, 1967).
유인석, 『우주문답』, 서준섭 외 옮김, 『의암 유인석의 사상: 우주문답』(종로서적출판주식회사, 1984).
정문길 외 엮음, 『동아시아, 문제와 시각』(문학과지성사, 1995).
최원식 · 백영서 엮음, 『동아시아의 '동양'인식: 19-20세기』(문학과지성사, 1997).
『易言』.
『대동서』.

강재언, 『한국의 개화사상』(비봉출판사, 1981).
김도형, 『대한제국기의 정치사상연구』(지식산업사, 1994).
김영작, 『한말 내셔널리즘』(백산서당, 2006).
김용구, 『세계관 충돌과 한말외교사, 1866-1882』(문학과지성사, 2001).
김용구, 『세계관 충돌의 국제정치학: 동양 禮와 서양 公法』(나남출판, 1997).
김용덕 · 미야지마 히로시 편, 『근대교류사와 상호인식 I』(고려대학교 아세아문제연구소, 2001).
김효전, 『근대한국의 국가사상』(철학과현실사, 2000).
박상섭, 「한국국제정치학과 외래이론 수용의 문제점」, 『국제정치논총』 제28집 1호(한국국제정치학회, 1988).

박상섭 · 하영선, 「미국 국제정치학의 추세와 한국 국제정치학의 상황」, 『국제정치논총』 제35집 1호(한국국제정치학회, 1995).
박찬승, 『한국근대 정치사상사 연구』(역사비평사, 1992).
박충석, 『한국정치사상사』(삼영사, 1982).
배우성, 「고지도를 통해 본 조선시대의 세계인식」, 『진단학보』 83(진단학회, 1997).
손형부, 『박규수의 개화사상 연구』(일조각, 1997).
송인창, 「맹자 왕도사상의 체계」, 『동양철학연구』 제17집(1997).
신규수, 「한국개화기 위정척사론의 성격과 시대적 추이에 관한 연구」, 『원대논문집』 29(1995).
신일철, 「신채호의 자강론적 국사상」, 『한국사상』 10(1972).
안외순, 「『노자』의 무위정치론에 나타난 권력개념」, 『정치사상연구』 5집(2001 가을).
안외순, 「맹자의 왕도정치론」, 『동방학』 제8집(2002).
유영렬, 『개화기의 윤치호 연구』(한길사, 1985).
유영익 외, 『한국인의 대미인식』(민음사, 1994).
유종선, 「정치사상사, 역사인가 철학인가?: Skinner와 Pocock의 역사적 방법에 대한 비판적 고찰」, 『사회과학논집』 제5권 3호(울산대학교, 1996).
유종선, 「조선 후기 天 논쟁의 정치사상」, 『한국정치학회보』 31집 3호(1997 가을).
유초하, 「화서 이항로의 사회사상」, 『민족문화연구』 제13호(1978).
이광린, 『개화파와 개화사상 연구』(일조각, 1989).
이광린, 『한국 개화사상 연구』(일조각, 1979).
이상익, 「유교와 자유민주주의」, 강정인 외, 『민주주의의 한국적 수용』(민음사, 2002).
이승만, 『독립정신』(정동출판사, 1993).
이용희, 『일반국제정치학』(상)(박영사, 1962).
이용희(노재봉 편), 『한국민족주의』(서문당, 1977).
이호재, 『한국인의 국제정치관』(법문사, 1994).
장동진, 『현대자유주의 정치철학의 이해』(동명사, 2001).
장인성, 「'인종'과 '민족'의 사이: 동아시아연대론의 지역적 정체성과 '인종'」, 『국제정치논총』 제40집 4호(한국국제정치학회, 2000).
장인성, 「근대동북아 국제사회의 공공성과 만국공론」, 『정치사상연구』 제9집

(한국정치사상학회, 2003).
장인성,「근대한국의 세력균형 개념」,『세계정치』 제25집 2호(서울대학교 국제문제연구소, 2004).
장인성,「유길준에 있어서의 도덕과 정치: 자기-타자 인식의 정치적 사유」,『국제문제연구』 제23호(서울대학교 국제문제연구소, 1999).
장인성,「자기로서의 아시아, 타자로서의 아시아: 근대조선지식인에 나타난 '아시아'와 '동양'」,『신아세아』 제5권 3호(신아세아질서연구회, 1998).
장인성,「체제해체기의 개혁사상」, 강광식 외,『조선시대 개혁사상 연구』(한국정신문화연구원, 1998).
장인성,『장소의 국제정치사상』(서울대학교출판부, 2002).
전복희,『사회진화론과 국가사상: 구한말을 중심으로』(한울아카데미, 1996).
전해종 외,『중국의 천하사상』(민음사, 1988).
정용화,『문명의 정치사상: 유길준과 근대한국』(문학과지성사, 2004).
캉유웨이, 이성애 옮김,『대동서』(민음사, 1991).
하영선,「문명의 국제정치학: 19세기 조선의 문명개념도입사」, 국제관계연구회 편,『근대 국제질서와 한반도』(을유문화사, 2003).
하영선,「변화하는 세계와 개념사」,『세계정치』 제25집 2호(서울대학교 국제문제연구소, 2004).

『大漢和辭典』(諸橋轍次)
佐藤昌介・植手通有・山口宗之 校注,『渡邊崋山 高野長英 佐久間象山 横井小楠 橋本左內』, 日本思想大系55(岩波書店, 1975).
『福澤諭吉全集』(岩波書店, 1959-1961).
『植木枝盛集』 第1卷(岩波書店, 1990).
神島二郎 編,『德富蘇峰集』(筑摩書房, 1978).
日本外務省 編,『日本外交年表竝主要文書』(下)(原書房, 1965).
橋川文三・松本三之介 編,『近代日本政治思想史』 1(有斐閣, 1979).
吉川幸次郎,『論語』(上)(朝日新聞社, 1978).
大久保利謙 編,『明治啓蒙思想集』(筑摩書房, 1967).
柳父章,『飜譯語成立事情』(岩波書店, 1982), 서혜영 옮김,『번역어 성립사정』(일빛, 2003).
馬場伸也,『アイデンティティの國際政治學』(東京大學出版會, 1980).

山室信一,『思想課題としてのアジア—基軸・連鎖・投企』(岩波書店, 2001).
石田雄,『近代日本の政治文化と言語象徵』(東京大學出版會, 1983).
石田雄,『日本の政治と言葉』(上)(下)(東京大學出版會, 1989).
松本三之介,『明治思想における傳統と近代』(東京大學出版會, 1996).
野口武彦,『王道と革命の間: 日本思想と孟子問題』(筑摩書房, 1986).
田中彰,『小國主義』(岩波書店, 1999).
佐藤誠三郎,「幕末明治初期における對外意識の諸類型」, 佐藤誠三郎・R. ディングマン 編,『近代日本の對外態度』(東京大學出版會, 1974).
佐藤愼一,「『文明』と『萬國公法』」, 祖川武夫 編,『國際政治思想と對外意識』(創文社, 1977).
丸山眞男,『「文明論之概略」を讀む』(岩波書店, 1990).
丸山眞男,『日本政治思想史硏究』(東京大學出版會, 1956), 김석근 역,『일본정치사상사연구』(통나무, 1995).
丸山眞男・加藤周一,『飜譯と日本の近代』(岩波書店, 1998), 임성모 옮김,『번역과 일본의 근대』(이산, 2000).

Brown, Chris, *International Relations Theory: New Normative Approaches* (New York: Columbia University Press, 1992).
Buzan, Barry, *People, States and Fear*, 2nd edition (Boulder, Colorado: Lynne Rienner Publisher, 1991).
Fairbank, John K., *The Chinese World Order* (Harvard University Press, 1969).
Howland, Douglas R., *Translating the West: Language and Political Reason in Nineteenth-Century Japan* (Honolulu: University of Hawaii Press, 2002).
Koselleck, Reinhart, *Futures Past: On the Semantics of Historical Time* (The MIT Press, 1985).
Morgenthau, Hans J., *Politics among Nations: the Struggle for Power and Peace*, 6th ed. revised by Kenneth W. Thompson (New York: McGraw-Hill, 1987).
Nardin, Terry and David R. Mapel, eds., *Traditions of International Ethics* (Cambridge: Cambridge University Press, 1992).
Parkinson, F., *The Philosophy of International Relations: A Study in the History of Thought* (Beverly Hills: Sage, 1977).
Pocock, J.G.A., *Politics, Language, and Time* (New York: Atheneum, 1973).
Rawls, J., *A Theory of Justice* (Cambridge: Belkap Press of Harvard University Press, 1971-1973).
Richter, Melvin, "Conceptual History and Political Theory," *Political Theory*, vol. 14,

no. 4 (November 1986).
Richter, Melvin, "Begriffsgeschite and the History of Ideas," *Journal of the History of Ideas*, vol. 48 (April-June 1987).
Richter, Melvin, *The History of Political and Social Concepts: A Critical Introduction* (New York: Oxford University Press, 1995).
Shapiro, Michael, ed., *Language and Politics* (New York: New York U.P., 1984).
Tully, James, ed., *Meaning and Context: Quentin Skinner and His Critics*(Cambridge: Polity, 1988), 유종선 옮김, 『의미와 콘텍스트: 퀜틴 스키너의 정치사상사 방법론과 비판』(아르케, 1999).

Abstract

Morality and Power in Modern Korean Conceptions of International Relations

Whether it be the East and the West, the morality and power have been universal elements to prescribe the modern characteristic of international relationship of the Korean peninsula and the concept of international relations for Koreans. Koreans have lived political life under the relation with the Great power, and under this circumstances in which the international power has a great role, Koreans have maintained moral conception to prescribe politics. Conceptions of international relations shows us that Koreans have lived the political life between the universality of international relations (principle) and the peculiarity of international relations in the Northeast Asia (experience). Also, the conceptions of international relations shows us the continuation and change between the past and the present

This research shows how Koreans in the modern times perceive the morality and power in regard of the international relations, how the conception of the morality and power is combined with the political conception of the tradition and modern times in times when Korea was incorporated into the modern international law system. By doing so, this research aims to show the characteristic of conception of the international society of modern Koreans. The conception of modern Koreans on the morality and power that have prescribed modern Korean intellectual's political thought or political view relates to the pattern of survival of Korea in the modern times. Also this conception is connected with the universality of conception of the international relations and the peculiarity of Korea's experience. In order to fully understand the modern Korean conception of international relations, it is asked to understand the conception of morality and power of modern Korea.

This research shows its locational character by researching conception of international relations embedded in the political language of modern Korea in light of textual and social context. In order to fulfill this purpose, this research concentrates on catching the continuation and change of concepts the political language and conceptions in the modern Korea represent under the international relations in the Northeast Asia.

찾아보기

발간사

'한국학'에 대한 관심과 요구가 국내외에서 높아지고 있다. 한국학을 전공으로 하는 학과도 생겨나고 한국학 연구자들의 국제학술대회도 종종 접하게 된다. 한국사회가 짧은 시기에 보여 준 역동적인 변화에 대한 학문적 관심이 나라 안팎으로 증대된 결과일 것이다. 한국의 역사와 문화, 사회적 경험이 점점 더 많은 연구자들의 관심대상으로 되고 있다는 사실은 매우 반가운 일이다.

한국학이란 고정된 분과학문 체계 내의 한 부분영역이 아니라 다양한 분과학문들이 함께 참여하는 학제적 연구의 성격을 지닌다. 한국학은 과거의 전통에 깊은 관심을 갖지만 현재의 문제들에도 주목하며 미래의 전망을 모색하는 작업도 포함한다. 인문학적 논의와 사회과학적 관심은 물론이고 자연과학적 문제의식과 예술적 시각이 함께 어우러지는 곳이다. 당연히 한국학은 국내의 연구자들이 자신의 특수성만을 부각시키는 폐쇄적인 장이 아니라 전 세계의 학자들이 자유롭게 참여하는 지적 토론의 공간이다. 한국을 대상으로 한 다양한 연구를 지원하며 진지한 논의와 지적 실험을 뒷받침하는 것이야말로 한국학의 가장 중요한 역할이라 할 것이다.

이런 의미에서 한국학은 한국의 문화와 역사적 경험을 전 인류의 문화유산과 역사적 경험의 한 부분으로 바라보는 전 지구적 시각을 요구받고 있다. 한국학은 한국사회의 경험을 연구하되, 그것을 21세기 세계사적 과제들과 더불어 사고함으로써 새로운 문명적 대안을 모색하는 전 지구적 논의에 적극적으로 동참하는 작업이 되어야 한다. 이런 종합적이고 개방적인 연구의 집적을 통해서만 한국의 특수성만을 절대화하는 오류에서 벗어나면서 동시에 서구의 눈으로 한국을 대상화, 타자화하는 오리엔탈리즘적 지역학의 한계도 극복할 수 있는 길이 열릴 것이다.

한국의 학문 발전에 큰 책임을 지고 있는 서울대학교는 한국학의 바람직한 발전을 위해 적극적인 역할을 하고자 한다. 이를 위해 별도의 연구기금을 마련하여 '한국학 장기기초연구 지원사업'을 추진하고 이 사업의 결과물들을 모아 연구총서, 자료총서, 모노그래프를 출간하기로 했다. 서울대학교 교수진의 연구역량과 진지한 문제의식들이 결집됨으로써 한국학의 연구수준이 더욱 높아지고 내용이 보다 풍부해질 것을 믿고 있다. 이 연구사업이 해를 거듭할수록 한국사회에 대한 이해가 깊어짐은 물론이고 한국의 경험을 통해 세계 학계의 시각과 논의도 더욱 풍성해질 것을 기대해 마지않는다.

2003년 8월

서울대학교 한국학연구사업위원회

저자 약력

장인성

현재 서울대학교 외교학과 교수
서울대학교 외교학과 졸업(학사, 석사)
도쿄대학 총합문화연구과 학술박사(국제관계론)
한국외국어대학 교수, 하버드대학 국제관계연구소(미일관계 프로그램) 연구원
역임.
동아시아 국제정치사상, 일본사상, 동아시아 국제관계 전공

주요 연구
『장소의 국제정치사상』(2002)
『한국 근대지식인의 민족적 자아 형성』(공저, 2004)
『탈20세기 대화록』(공저, 2006) 등 다수

서울대학교 한국학 모노그래프 45
근대한국의 국제관념에 나타난 도덕과 권력

저자 장인성

2006년 12월 26일 초판 제1쇄 인쇄
2006년 12월 30일 초판 제1쇄 발행

발행인 이장무
발행처 서울대학교출판부
151-742 서울 관악구 신림동 산 56-1
판매과 02-889-4424, 02-880-7995
Fax 02-888-4148
E-mail snubook@snu.ac.kr
Home-page http://www.snupress.com

출판등록 제15-3호

ISBN 89-521-0766-7 93300

값 7,000 원

서울대학교 한국학연구시리즈 모노그래프

예빈도에 보인 고구려 — 당 이현묘 예빈도의 조우관을 쓴 사절에 대하여
노태돈

현대 한국유교와 전통
금장태

살인의 진화심리학 — 조선 후기의 가족 살해와 배우자 살해
최재천, 한영우, 김호, 황희선, 홍승효, 장대익

무협소설의 문화적 의미
전형준

정조시대의 무예
나영일

벼락도끼와 돌도끼 — 고고자료에 대한 전통적 인식 연구
이선복

한국 옛 경관 속의 생태지혜
이도원

식민권력과 통계 — 조선총독부의 통계체계와 센서스
박명규, 서호철

한국의 천연염료 — 전통염료와 천연염색기술
김재필, 이정진

북한의 의학교육
박재형, 김옥주, 황상익

위성영상을 이용한 북한지역의 해안습지 연구 — 평안남도를 사례로
유근배

사할린 귀환자
이순형

조선시대 간척지 개발 — 국토 확장과정과 이용의 문제
박영한, 오상학

한국 구비문학에 수용된 재담 연구
서대석

구어 한국어의 의향법 실현방법
권재일

한국 고소설에 나타난 오이디푸스 콤플렉스 — <심청전>·<콩쥐팥쥐전>
류인균

한국자본자유화와 금융자유화의 근년변화 — OECD 가입 및 IMF 사태 이후의 실상, 평가 및 대응
이천표

한국에서 마르크스주의 경제학의 도입과 전개과정
김수행

전통마을 경관 요소들의 생태적 의미
이도원

경제개방이 우리나라 노동시장에 미친 효과
김대일

남북한 경제의 이질성—경제통합에 관한 함의
이지순

한국의 중산층
홍두승

조선시대 복식에 나타난 적색계 색명의 의미
남윤자, 김순영, 박성실

20세기 초기 국어의 문법
권재일

우리나라 인체기생충 및 의용절지동물의 동물상(fauna)과 개요
채종일

웃음으로 눈물 닦기— 한국 언어문화의 한 특질
김대행

한국 장수인의 개체적 특성과 사회환경적 요인— 호남지방 장수벨트를 중심으로
박상철, 이미숙, 이정재, 한경혜

한국의 좌파 경제학자들
김수행, 김공회

心과 性—茶山의『孟子』해석
금장태

한국 여성의 건강증진행위
윤순녕, 김숙영, 이지윤

한국 고대의 온돌—북옥저, 고구려, 발해
송기호

한국의 고령노동—경제활동과 고용구조의 장기적 변화
이철희

3칸×3칸—한국 건축의 유형학적 접근
전봉희, 이강민

정약용 사상 속의 과학기술—유가 전통, 실용성, 과학기술
김영식

한국문화를 쓴다—강용흘의『초당』과 이미륵의『압록강은 흐른다』비교연구
최윤영

서양인의 한국 종교 연구
김종서

한국 시민단체의 내부의사결정과정에 관한 연구
김준기

국문 글쓰기의 재탄생
권영민

仁과 禮—다산의 『논어』 해석
금장태

韓國詩話에 보이는 杜詩
이영주

한국의 소득불평등과 빈곤—소득분배 악화와 사회보장정책의 과제
구인회

한국 사회복지 네트워크의 구성과 효과성—
지역종합사회복지관의 네트워크 구성과 조직 효과성을 중심으로
김준기

한국의 의료체제—제도와 지배구조
송호근